U0148184

揭秘契丹辽王朝

澶渊之盟

（二）

刘喜民
刘浩然 著

内蒙古人民出版社

图书在版编目 (CIP) 数据

揭秘契丹辽王朝. 二，澶渊之盟 / 刘喜民，刘浩然著 .—呼和浩特：内蒙古人民出版社，2016.4

ISBN 978-7-204-13951-4

Ⅰ . ①揭… Ⅱ . ①刘…②刘… Ⅲ . ①中国历史—辽代—通俗读物 Ⅳ . ① K246.109

中国版本图书馆 CIP 数据核字（2016）第 077359 号

揭秘契丹辽王朝（二） 澶渊之盟

作　者	刘喜民　刘浩然	
责任编辑	马燕茹　王　静　李向东	
封面设计	刘那日苏	
责任校对	李月琪	
责任印制	王丽燕	
出版发行	内蒙古人民出版社	
地　址	呼和浩特市新城区中山东路 8 号波士名人国际 B 座	
网　址	http：//www.nmgrmcbs.com	
印　刷	内蒙古爱信达教育印务有限责任公司	
开　本	710mm×1000mm　1/16	
印　张	17	
字　数	180 千	
版　次	2017 年 1 月第 1 版	
印　次	2017 年 1 月第 1 次印刷	
印　数	1—4000 册	
书　号	ISBN 978-7-204-13951-4/I·2785	
定　价	58.00 元	

如发现印装质量问题，请与我社联系，联系电话：（0471）3946120　3946169

序

    契丹族是中国北方一个古老民族。北魏初年契丹族称始见于史籍（388年）；隋唐之际契丹族崛起于西辽河流域，形成八部联盟；唐末五代时期契丹族以西辽河流域为中心，以赤峰市巴林左旗为首都（辽上京）建立契丹辽王朝（916年）；北宋时期契丹辽王朝称雄东北亚，与中原的北宋形成中国历史上又一南北朝；公元1125年，契丹辽王朝被女真人灭亡；明朝初年契丹人销声匿迹。

    契丹族从出现在世人视野到消亡，在人类历史舞台上活跃1000余年。期间契丹族建立的契丹辽王朝统治中国北疆200余年，创造了举世瞩目的契丹辽文化，对中华民族、中华国家、中华文化乃至世界文明都做出了历史性贡献。但是，契丹辽王朝灭亡后，契丹族逐渐消亡，契丹文字也随之成为"死文字"，契丹族、契丹辽王朝历史也被历史的长河所湮没。

    本来元朝编纂《辽史》116卷，为二十四史之一，较详细地记述了契丹辽王朝历史，人们通过阅读《辽史》便可了解契丹族、契丹辽王朝历史。但是，由于《辽史》的主人公消亡了，《辽史》自然也就被束之于高阁，即便是有些许流入书市，也多是史学家及研究者案头上的工具书。时至今日，由于世上少有关于契丹辽史方面的通俗读物，人们对契丹人的认知，多是来自杨家将等文学、文艺作品或民间故事。在这些文学、文艺作品及民间故事里，契丹族及其政权又往往被视为"异族"或"外国"，不仅误导了人们对契丹民族的认知，而且给契丹族、契丹辽王朝蒙上了一层"神秘"的面纱。

    近些年来，随着考古发现及历史文化旅游产业的兴起，契丹辽史话题有了一些热度。个别图书市场有了点契丹辽史读物、有的地区召开契丹辽史研讨会议、一些地区还打起了契丹辽文化旅游品牌等等。这是好事，说明消亡数百年的契丹族又引起了人们的关注和兴趣，契丹族、契丹辽王朝历史亦将揭开"神秘"面纱。但是，不可否认，图书市场以契丹辽史研究专著为多，对于普通读者来说味同嚼蜡，契丹辽史研究会议也以专题、个别领域研究为主题，契丹辽文化旅游多停留在宣传上，并无实质性的内容，这些都难以满足普通读者对契丹辽史知识的阅读需求。《揭秘契丹辽王朝》丛书试图在通俗读物方面作一些尝试，以满足广大普通读者的阅读需要。

《揭秘契丹辽王朝》丛书以《辽史》《契丹国志》《资治通鉴》《续资治通鉴》为底本，参阅大量的古今契丹辽史研究资料及考古发现，以今人视角、通俗易懂的故事性语言，揭秘了契丹族源，契丹八部联盟，契丹辽王朝建立、发展、兴盛、衰落、灭亡、契丹人消失等历史，将契丹族和契丹辽王朝历史全方位、多层面地呈现在读者面前。使广大普通读者一书在手，就能够阅读完整的契丹族、契丹辽王朝历史。

《揭秘契丹辽王朝》丛书选配契丹辽代遗迹、出土文物、壁画等精美图片，融真实性、知识性、趣味性、完整性、直观性、观赏性于一体，图文并茂，通俗易懂，老少咸宜。使广大读者如欣赏文学作品一般欣赏契丹人、契丹辽王朝历史，品味独具特色的契丹辽文化。

《揭秘契丹辽王朝》丛书是作者30余年来阅读《辽史》及有关契丹辽史研究资料的心得，由于契丹人留给世人的资料非常匮乏，加之作者知识面及阅读范围所限，书中难免有错谬之处，敬请读者指教为盼。

作　者
2016年5月24日于辽上京遗址

前　言

　　辽太宗是一位非常有作为的皇帝。他抓住中原内乱之机，将燕云十六州划入契丹版图，使中原的后晋政权成为契丹附庸，中原五代他立一代灭二代，改后晋国号为大辽，一度当起了中原皇帝。在一些人看来，燕云十六州为契丹所有，是中原政权的奇耻大辱。但从历史的角度来看，燕云十六州归契丹所有在中国历史上意义重大。

　　辽世宗自小受父亲的影响，汉文化底蕴深厚，他将祖母述律平、三叔李胡囚于祖州，利用辽太宗留下的丰厚政治遗产，对国家政治制度进行改革，设置北、南枢密院，确立了契丹辽王朝南北双轨政治制度，但却因此触及了契丹贵族利益，最终被政敌杀害。

　　辽穆宗在位期间，嗜睡怠政，酗酒杀人，丢失了三关地，最终被厨人所杀。

　　辽景宗即位后，中原政局已经发生了变化，赵匡胤兄弟代后周建立了北宋政权，利用20年时间削平中原割据政权，挥兵北伐准备收复燕云十六州，自此辽与北宋展开了拉锯战。

辽朝国母萧太后携景宗、圣宗父子与北宋太宗、真宗父子大战20余年，最终双方签订了"澶渊之盟"。

"澶渊之盟"是中国历史上北宋与辽两个政权博弈的结果，是中国历史上的一次重大事件。它不仅结束了契丹与中原100余年（从辽太祖902年率军攻掠代北算起）的战争，而且开启了南北100余年的和平局面。更主要的是，北宋政权从此放弃了对燕云十六州的诉求，由此改变了中国数千年来以长城为界的南农北牧的历史格局，中华民族进入又一个大融合时期，中原农业文明大规模地北移到大漠草原，使我国北疆得到开拓、发展和巩固，并由此奠定了我国北疆疆域。

《澶渊之盟》将为读者讲述千年前辽与北宋长达40年的战争历史，还原民间杨家将故事中真实的萧太后。

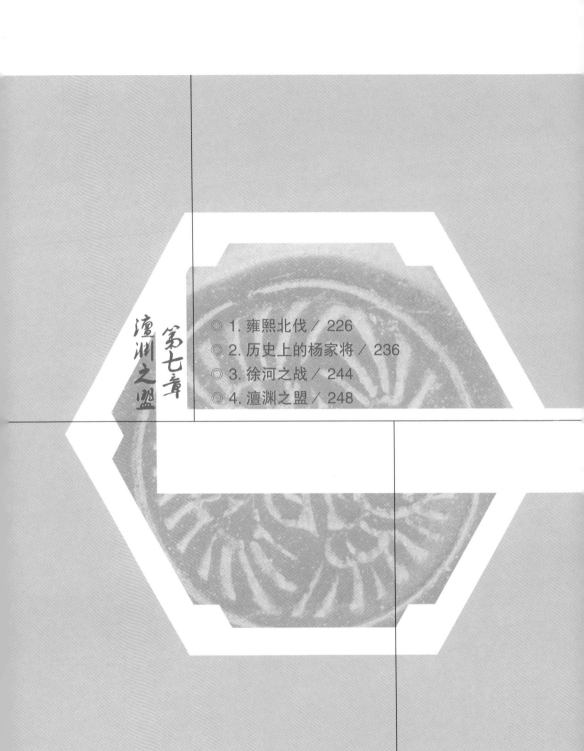

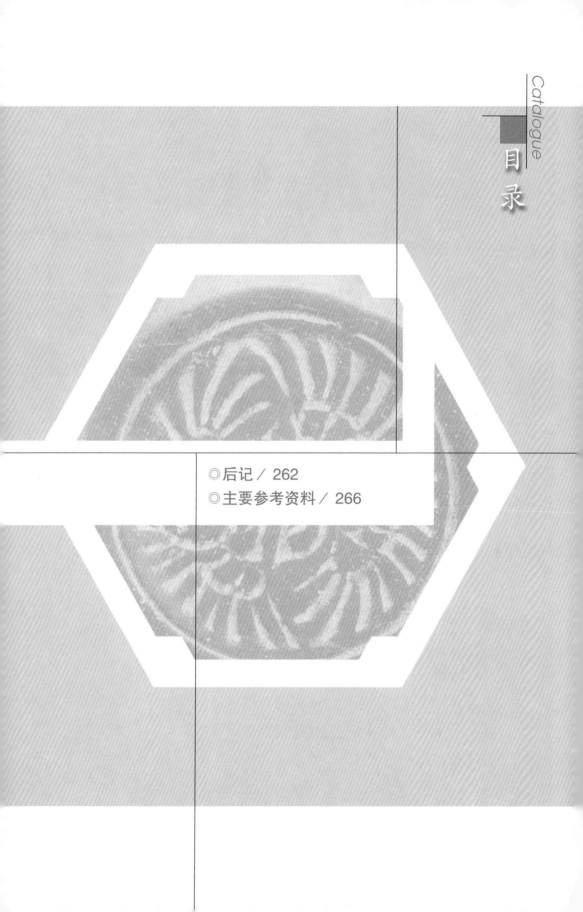

Catalogue

目录

FU ZHI ER HUANG

第一章 扶植儿皇

召敬瑭至行在所，赐坐。上从容语之曰："吾三千里举兵而来，一战而胜，殆天意也。观汝雄伟弘大，宜受兹南土，世为我藩辅。"遂命有司设坛晋阳，备礼册命，册敬瑭为大晋皇帝。

《辽史》

1. 太子避居后唐

辽太宗在母后述律平铁腕安排下坐上了契丹国龙椅，那应当继承皇位的太子耶律倍的命运又当如何呢？

一般来讲，储君的命运只有两个，一是当皇帝，二是被杀。耶律倍也许是特殊的一个，他既没有当成皇帝，也没有被杀，而是走了第三条路。

耶律倍从小受儒家思想熏陶，是一个很现实的人，既然母后有权选择皇帝，又选择了二弟，那自己就甘心当一个东丹国王好了。本来一个应该当皇帝的人，能够这样想也是难能可贵的，但是，这一想法显然又是不现实的。

辽太宗坐上龙椅后，心里并不舒服。因为他心里清楚，自己屁股底下的龙椅是母后用一只手换来的，是从皇兄手中抢过来的，为此他必须做好两项：一是好好地表现自己，当好这个皇帝，不

让母后失望；二是保住龙椅，别让皇兄抢回去。当然，保住龙椅是第一位的。而要想保住龙椅，就要很好地安置皇兄。只要皇兄在国内，哪怕是没有任何官职，对皇位都是一种威胁。这样一来，他只有两个选择了，一是杀掉皇兄，二是想办法让皇兄远离龙椅。

其实，辽太宗没得选，因为母后早已为他选择好了安置皇兄的路子。

述律平的母性要远远地强于武则天，这或许是由于游牧民族生活在草原上，对老牛舐犊、虎毒不食子的天然亲情有着切身感受的缘故。她毫不手软地杀掉一百余名拥立太子为皇帝的大臣，毫不犹豫地砍掉自己的右手，却对自己的亲生儿子、当事人耶律倍没有下杀手，而是话里话外地劝说其远离皇权。

辽太宗想要把母后的想法变成现实。可如何才能让皇兄出国呢？靠做思想工作显然是不行的。自己抢了皇兄的皇位，怕皇兄

再抢回去，而做皇兄的思想工作，让皇兄出国离自己远点，这哪说得出口呀！既然说不出口，那就只有暗中行事了。

辽太宗举行完柴册礼成为契丹国家的正式皇帝后，命诸部酋长和地方要员都回到辖地履职，却把皇兄耶律倍留在了皇都，兄弟两人一起喝酒、一起祭祀太祖、一起出入皇宫、一起觐见母后、一起行猎等等。一切都表明，兄弟俩并没有因皇位之争而产生隔阂或发生什么矛盾，还是亲亲热热的兄弟。就这样两兄弟在一起度过了一年的美好时光，耶律倍才回到东丹国。不过，此时的东丹国已非彼时的东丹国了，而是从原渤海国地区搬到了辽阳地区（928 年 12 月）。

原来，辽太宗把耶律倍留在皇都是有政治意图的，那就是背着皇兄把东丹国从原渤海国地区迁到了辽阳地区，同时将辽阳东平郡升为南京。辽太宗这样做，显然是一箭双雕之策。

一方面，迁徙东丹国至辽阳是辽太祖阿保机迁渤海人于别地，化整为零消化渤海人策略的延续。东丹国迁到辽阳后，渤海人离开了故土，打破原来五京十五府六十二州一百三十余县建制，重

新设置州县，从而弱化了渤海民族向心力，削弱了其民族力量；另一方面，也是更主要的方面，将辽阳东平郡升为南京，实际上就是把东丹国降为契丹国家省级建制，耶律倍也完全置于辽太宗的领导之下。

不仅如此，辽阳东平郡升为南京后，辽阳城内便有了两套权力机构，一套是东丹国权力机构，一套是南京东平府权力机构。从东丹国建立时的管辖权限来看，其迁到辽阳地区后，只是管辖从原渤海地区迁徙到辽阳地区的渤海民户，原来居住在辽东地区的渤海、汉、女真等民户则隶属于南京东平府管辖。

原渤海国民户迁徙到辽东地区后，并不是单独划地加以安置，而是错置于原来住户之间。这样一来，东丹国实际上只管人不管地，丧失了行政管辖权，只是徒有虚名而已。而南京东平府既管人也管地，其权限要远远地大于东丹国。也就是说，东丹国迁到辽阳后，其政府机构成为一个空架，"特别行政区"的意义已经丧失，实际上变成了耶律倍家族的封地，只是享受待遇和荣誉，并没有什么实质性的行政行为。正因为此故，耶律倍回到辽阳东丹国后，无所事事，并没有住在辽阳城本宫内，而是长期生活在医巫闾山西宫，自寻其乐。他在中原购买数万册图书藏于医巫闾山中，在山顶上建筑了望海堂，整日里与爱妾高美人吃喝玩乐，作诗画画，谱词唱曲，俨然一副无所谓，对政治不感兴趣之姿态。

耶律倍虽然如此，但辽太宗并没有收手，又以加强皇兄人身安全为由，将其身边的警卫人员全部换成了自己的人，对其加以严密监视。

耶律倍不傻也不笨，见二弟步步紧逼，再想想母后曾让自己回避的事情，恍然大悟，这是母后和二弟对自己仍不放心，在逼自己呀！

也是事有凑巧，恰在这时，后唐皇帝李嗣源几次派人来请耶律倍到后唐避难（是否是述律平的安排不得而知。不过，耶律倍避居后唐后，述律平曾多次派人到后唐联姻，希望南北能够结成舅甥之国却是史实，只不过后唐都没有答应），耶律倍于是携高美人乘船投奔了后唐（930年）。临上船时，在海边还赋了一首小诗：小山压大山，大山全无力；羞见故乡人，从此投外国。

耶律倍虽然避居到中原后唐，但却没有逃脱被杀的命运。

2. 后唐内乱

后唐第二位皇帝李嗣源也是沙陀人，名邈佶烈，其父为李克用之父李国昌爱将，故随主人李姓。李嗣源自小被李克用收为养子，跟随义父东征西讨，智勇双全，战功显赫，在李家军中颇有威望，因此才被推为皇帝。但是他当上皇帝时已经60岁，而且还是大字不识一个的文盲。为了解决看奏章的问题，他特设了端明殿学士一职，任命冯道和李崧为端明殿学士，专门为他读奏章。不过，皇帝是文盲，这就从根本上注定了后唐政府是一个文化修养很低的政府，而这样的政府迟早是要出事的。李嗣源自己也深有感触，治理起国家来有些力不从心。经常于夜晚在宫中焚香对上天祷告说："我是个胡人，因为动乱，被大家推举出来，当了皇帝，盼望上天早一天降生圣人，好作百姓的君王。"就这样，李嗣源当了八年的后唐皇帝，没等上天降下圣人来，便撒手而去（933年11月）。

李嗣源有5个亲生儿子，到他晚年时，父子之间相互猜疑，导致朝中派别林立，奸臣当道，有能耐的几个儿子都被杀死，最后由他的小儿子李从厚继承了皇位。李从厚天性懦弱，自从坐到龙椅上的那天起，皇权即被朝中权臣所把持。

　　李嗣源的亲生儿子无能，却有几个非常能干的义儿和女婿。其中，比较有名的三人分别是李从珂、石敬瑭、赵延寿。这三人都想当中原皇帝，又都与契丹联系在一起。

　　李从珂本姓王，幼时与母亲一起被李嗣源所俘，收为养子改为现名。长大后，成为军中一员勇将，颇有威名，被封为潞王。李嗣源病逝时，李从珂正驻守凤翔（今陕西省凤翔县）。朝中权臣嫉妒李从珂的功劳，便在李嗣源死后仅仅两个月，以皇帝李从厚的名义想把李从珂调离凤翔，以弱其势。李从珂打了一辈子的仗，不甘心被权臣们所左右，就拒不执行命令。权臣们便发兵前去攻打，从而逼急了李从珂，以清君侧为名，率兵杀向洛阳。李从厚吓得逃出洛阳城，把皇位让给了李从珂（934 年 4 月）。

石敬瑭也是沙陀人，893年2月出生于太原，从小不苟言笑，喜欢读一些兵法之类的书籍。长大之后，善骑射，作战勇猛，很得李嗣源的赏识，招为女婿。石敬瑭与李从珂一样，都是李嗣源手下得力战将，在晋军中都有一定的威望和影响力。当年李嗣源领兵去魏州平叛，被哗变士兵推为皇帝，左右为难时，正是石敬瑭帮助岳父分析形势，并率军攻取汴梁，从而把李嗣源推上了皇位。

李嗣源也没有忘记石敬瑭的功劳，不断给他加官晋爵。石敬瑭先后任保义军节度使、宣武军节度使、天雄军节度使、河东节度使等职。李嗣源病逝时，石敬瑭任河东节度使，驻守太原，与李从珂一样也遭到了权臣的嫉妒，欲将其调离开太原，以便控制。石敬瑭自然也是拒不听命。

李从珂受到权臣征伐时，石敬瑭心里也很害怕，时刻关注着时局的发展，做着应变准备。李从珂进入洛阳当上皇帝时，石敬瑭正在卫州（今河南省汲县）一带打探时局，不料正碰上逃出洛阳准备去魏州避难的后唐皇帝李从厚。

李从厚见到姐夫石敬瑭就像见到了救世主，让其来保护自己，但此时的石敬瑭早已看清了形势。李从珂是当今的天子，李从厚是落难的皇帝，孰轻孰重心中自然有数。于是，他把前皇帝安置在卫州，跑去洛阳觐见当今天子。

李从珂自然不会放过李从厚，立即派人到卫州将前任皇帝杀死。但是，他并没有因为石敬瑭来投奔自己就对其放心。两人一个是李嗣源养子，一个是李嗣源女婿，又都是后唐军中的虎将，在军队中都享有很高的威望。正所谓一山不容两虎，李嗣源在世时，这两人就明里暗里相互竞争。如今一个是君，一个是臣，心理自然都发生了变化。

石敬瑭怕李从珂猜疑自己，时刻小心行事，暗中观察；李从珂怕石敬瑭不服自己，时刻监视着他的行动。

在此期间，避居后唐的耶律倍看不惯李从珂弑君自立的行为，便写信给二弟辽太宗，请求其率军南下讨伐李从珂。耶律倍本身是让出皇位避居后唐的，看不惯李从珂弑君自立的行为，因此才有此举。辽太宗接到皇兄的信件后，率军南下攻掠到云州、武州地界，不料皇后萧温随军生子得了产后风病逝，于是停止南下返回了西楼皇都（934 年）。

石敬瑭则以抵御契丹南下为由，向朝廷索要军需。李从珂虽然对石敬瑭不放心，但为了社稷计，还是派人给石敬瑭的部队送去军衣。不料将士们得到军衣后，却喊起石敬瑭万岁来。李从珂得到消息后，对石敬瑭更加不放心，便派大将张敬达到代州驻军，名为防御契丹，实是监视石敬瑭的行动。这更加引起了石敬瑭的疑心，暗地里把在京城洛阳的家当都运回到太原，做着应变的准备。

可世上没有不透风的墙，石敬瑭偷着往太原运东西的事情很快被李从珂得知，召集大臣们商量应对之策。

大臣们拿皇帝的俸禄,自然是要给皇帝出主意的。商量来商量去,形成了两种意见:一种意见是先下手为强,乘石敬瑭还没有来得及反就发兵将其消灭;一种是反对意见,认为石敬瑭还没有反,以兵征讨则正好给了他起兵造反的借口等等。在众多的建议中,端明殿学士李崧(即给李嗣源念奏章之人)的建议颇为独到。他认为石敬瑭一旦造反,必然要结契丹为援,朝廷不如先行一步,以每年向契丹送十万缗礼物(其实就是纳贡)及下嫁公主和亲为条件,与契丹结盟。这样一来,石敬瑭失去契丹之援,就不敢反了,即使反了也没有什么可忧虑的。

从后来的事态发展来看,李崧并非等闲之辈,可谓是料事在先。从中也不难发现,李从珂身边并非都是一些庸才,只是李从珂不识、不用能人而已。据说李从珂当上皇帝后,也想用能人,可不知用谁好,就把想好的几个人的名字写在纸上,放入罐中摇了摇,然后随机抽出一个来,抽到谁就用谁。如此荒唐,朝政可想而知。不过,李从珂开始听到李崧的建议时,也觉得有道理,便命李崧办理此事,李崧很快就拟定了一份《遗契丹书》,就等李从珂签字送往契丹。

可计划没有变化快,当天晚上又有人对李从珂说:"李崧之计不可取,以天子之尊贵去侍奉契丹可耻,与契丹和亲更是安危托于妇人。"李从珂一听,也不禁怒从心头起,把李崧等人叫来大骂了一顿,然后就把与契丹结盟的事情放在了一边。

李从珂以结契丹为耻,可石敬瑭却毫不犹豫地把宝押在了契丹人身上。他见李从珂终究不会放过自己,便采纳臣僚桑维翰等人建议,以向比他小 10 岁的契丹皇帝辽太宗称儿称臣、把卢龙军辖区和雁门关以北诸镇(即燕云十六州)割给契丹为条件,结契丹为外援,起兵讨伐李从珂,夺取中原帝位。

3. 以"梦"说母

　　根据史籍记载，辽太宗即位后，对母后述律平言听计从，百依百顺，母后病了不吃饭，他也不吃饭，母后招他问话，应答不合意，瞪他一眼，他吓得退出帐外候着，母后不发话他就不敢进入帐内。其实，百行孝为先，这些记载恰恰说明辽太宗是一个孝顺儿子。孝是人之根本，先孝而后事成，辽太宗就是这样的一个人。

　　辽太宗即位时，就契丹国家而言，外部和内部形势都发生了变化。就内部形势而言，契丹刚刚灭亡渤海国，完成了对北疆的统一，如何管理这一广袤的地域和诸多民族，是契丹统治者们必须认真考虑的问题；就外部形势而言，中原后唐新皇帝李嗣源即位后便向契丹伸出了橄榄枝，契丹是与后唐结好还是继续出兵燕

云，也需要辽太宗这个新皇帝做出决策。

辽太宗既是一个孝顺儿子，同时也是一个有作为的皇帝，自然懂得"攘外必先安内"的道理，采取了先治理国家然后再图外的策略，在即位后的几年间没有大规模地对外用兵，而是大刀阔斧地干了几项固本强基的工作。其中，消化渤海国、统治诸部、扩建皇都、设东京置州县等都是关乎契丹国家长治久安的大事。

辽太祖是在灭亡渤海国回军途中病逝的，因此消化渤海国的任务历史地落在了继任者辽太宗的肩上。在这项工作上，辽太宗坚决贯彻了皇父迁渤海民户于别地，化整为零消化之的决策。大致用了两年多的时间，完成了渤海民户迁徙工作。经过这次迁徙，渤海人大致被分到五地：以渤海国王大諲譔为代表的王族显贵被迁到西楼皇都（今赤峰市巴林左旗）地区，渤海国主体民户随东丹国迁到辽东地区，一些渤海民户被迁到辽西地区，一些渤海人逃到地处朝鲜半岛的高丽国，一些渤海人留居原地。力分则弱，渤海人被分散到各地后，或独立设置州县，或与其他民族人合并设置州县，民族意识逐渐淡化，很难再形成合力反抗契丹的统治。虽然渤海人从亡国时起就没有停止过反抗契丹统治的斗争，但都没有取得什么实质性的效果，最终都被平息。

辽太祖西征统一草原诸部后（925年），随即东征渤海国并病逝于回军途中，因此如何管理新征服的草原诸部，是摆在辽太宗这个新皇帝面前的又一份考卷。可以肯定的是，辽太宗很好地完成了这份答卷。他继续贯彻父皇制定的"因俗而治，各得适宜"国策，对于诸部族采取了不同的管理方式。距离契丹皇都较远、地处契丹边疆地区的大部族置属国、小部族置属部，仍由这些部族首领统治，保持相对的独立性，以定期向契丹朝觐、纳贡的形式表示归附。对于迁徙到契丹内地的部族，则重新编部纳入契丹部族直接管理。

辽太祖建筑的契丹皇都只是一个不规则的五边形城池，辽太宗即位后利用从渤海国获取的丰厚物资，对皇都城进行了大规模的扩建。在城内先后建起了宣政、安德、五鸾等大殿及宫室、楼阁、寺庙等殿宇。对城墙加高加厚，增修了敌楼马面。在皇城南又修建了一座汉城，扩修了城郭等。通过这次扩建，契丹皇都城略呈"日"字形，形成大内（宫城）、皇城（内城）和郭郭（外城）三重环护的大国都城格局。

与此同时，辽太宗还利用迁徙渤海人建东京之机，在西楼皇都、辽西、辽东等地区集中地设置了大量的州县，这些州县与契丹等游牧民族的部落建制相互错置并存，形成了契丹国家独具特色的政区双轨制，由此奠定了契丹国家政区双轨管理体制。

就在辽太宗励精图治搞国内建设的同时，中原后唐政权发生内乱，于是他把目光又投向了中原。

客观地说，辽太宗即位后将主要精力用在国内建设上，出于两方面因素，一是契丹刚刚统一草原和北疆，稳定和管理新征服地区和民族是迫在眉睫的大事；二是母后述律平主张经营草原，反对契丹南下获利，辽太宗不能不顾忌母后的意见，因此他在即位后的几年间并没有大规模的军事行动。但是，辽太宗并没有打消逐鹿中原的想法，而是始终留着一只眼睛观察着中原的局势，以便乘机而动。

辽天显三年（928年），即辽太宗即位的第二年，后唐定州节度使王都（王郁的义兄）反叛，受到后唐军队的讨伐，为了自保，派人到契丹求援，辽太宗趁机派兵南下直趋定州，其目的就是想借机夺取定州，只不过这次出兵不仅大败，而且损失惨重，就连辽太祖之庶子牙里果（辽太宗同父异母兄或弟）亦被后唐俘虏过去。关于这次南下兵败，《辽史》载："上以出师非时，甚悔之。"即辽太宗认为这次出兵的时机不对而导致兵败，心里很后悔。其实这有可能是曲笔，应是辽太宗南下兵败，受到母后述律平的严厉批评，不得不承认出兵南下是错误的，并在此后的几年间没有再出兵南下。

辽天显九年（934年），后唐李从珂杀死皇帝李从厚自立为皇帝，避居后唐的耶律倍看不惯李从珂所为，派人给辽太宗送信，请契丹以此为借口南下讨伐李从珂。辽太宗亲自率军南下，不料行到武州（今河北怀来县）时，皇后萧温随军产子得产后风病逝，他只好率军返回。

契丹这次出兵南下虽然半途返回，却给了石敬瑭口实，他以抵抗契丹南掠为名，向后唐皇帝李从珂索要军需，结果双方矛盾公开化，石敬瑭最终下定了结契丹为外援以图中原龙椅的决心。

辽天显十一年（936年），石敬瑭派使到契丹，以割让燕云

十六州、向契丹称儿称臣为条件，请求契丹出兵帮助他夺取中原皇位。

辽太宗得到石敬瑭的条件后，心里自然是高兴，恨不得马上就出兵南下将燕云十六州划入版图。但是，由于前两次出兵南下都无功而返，要想再次出兵南下，必须得到母后的同意。那么，如何才能让母后同意出兵呢？聪明人总是有聪明的办法。

这一天，辽太宗来到母后行帐，对母后说自己做了一个梦，梦见有一神人领着十二只异兽从天而降，让自己去中原扶持石敬瑭当皇帝。

"神人与十二异兽"是述律平当年为了让辽太宗继承皇位而杜撰出来的故事，意思是辽太宗是神人下凡，是天生的皇帝命。辽太宗也编出这样一个梦来，意思也很明了，那就是契丹出兵南下援助石敬瑭不是我个人的想法，而是神人的旨意。

述律平听了辽太宗的"梦"后，心中自然有数，不过，"神人与十二异兽"是自己杜撰出来的故事，又怎么好揭穿呢？于是，她微微一笑，搪塞道："做梦是人之常事，何必当真。"

辽太宗自然也清楚母后的心理，坚持以母后的矛攻母后的盾。过了几天，他又来到母后行帐说："儿臣又梦到那位神人了，他对儿臣说，石郎已经派人来了，让儿臣一定得去。"

述律平见儿子抓住"神人与十二异兽"不放，不好再搪塞，便让萨满来解梦。

辽太宗终于掌握了主动权，找来萨满解梦说，这是太祖托梦来了，说中原将拥立新天子，让皇帝一定要去帮助他。

述律平心知肚明，但怎能揭穿太祖和自己的神秘面纱呢？便把石敬瑭的信使叫到身前当面寻问，最终也被石敬瑭优厚的条件所打动，遂同意契丹出兵南下。

通过了母后这一关，还要经过诸部酋长的同意才能出兵。当然，这一关对于辽太宗来说就简单多了。他把诸部酋长召集起来，对他们说："我并不是因为石敬瑭的许诺而兴兵南下的，而是奉天皇帝的命令才出兵助战的。"

诸部酋长一听是太祖皇帝的命令，当然只有遵命而行了。

4. 扶植儿皇

在中原士大夫们眼里，石敬瑭认比自己小十岁的契丹皇帝辽

太宗为干爹，无疑是无耻之极，可对于石敬瑭本人来说，却是平平常常的事情。因为在当时的北方游牧民族中，收义儿认干爹是司空见惯的事情，石敬瑭是沙陀人，依俗认个干爹并非伤风败俗，况且他认的还是一个皇帝干爹，一般人就是想认恐怕还认不上呢！再说了，这个皇帝干爹只有把自己扶上中原龙椅才能转正，否则就不算数。

石敬瑭结契丹为外援时，还只是一个河东节度使，燕云十六州中的大多数州并不属于他的地盘，他把燕云十六州割给契丹，其实就是在拿别人的东西做买卖，说白了就是隔山卖老牛，是一个无本的买卖，买卖成了自己赚一个中原龙椅，买卖不成自己也不赔什么，可谓是一本万利。

石敬瑭的买卖赚大了，可有人比他赚得更大，那就是契丹国皇帝辽太宗。

辽天显十一年（936年）九月，辽太宗亲自率领5万大军，号称30万，自雁门关南下，直趋太原。而此时的石敬瑭已经被后唐大军包围在太原城内两月有余，城中粮草殆尽，正望眼欲穿盼契丹援兵。

辽太宗20岁时便出任契丹国天下兵马大元帅，身经百战，早已是战场上一名老道的猎手，他见雁门关一带并没有后唐军队把守，判断后唐军队把主要精力都用在了围攻太原城上，对契丹南下没有什么防范，于是决定立即对后唐军队发起进攻。他在太原城北虎北口摆下军阵后，立即派人进入太原城约石敬瑭出城击敌。

石敬瑭见契丹援军到了，心里好不高兴，一听辽太宗马上就要进攻后唐军队，不禁又担起心来，准备派人前去告诉"父皇帝"不要轻敌，待明日商量好攻战方略再战，可派去的人没等离开，就听到城外喊杀声起，知道两军已经接战，便急忙派大将刘知远

率军出城助战。

后唐军主帅张敬达见契丹前来增援太原，并没有乱了方寸，立即派大将高行周、符彦卿率骑兵前去阻击，自己和副将杨光远率步兵列阵，准备迎击契丹人马的进攻。

辽太宗见后唐骑兵来攻，派出一队老弱士兵，也不穿盔甲，前去迎敌。结果可想而知，这队契丹人马被后唐军队打得大败，争抢着跳入汾河，向对岸逃去。

高行周、符彦卿见契丹人马溃败而逃，挥军一路追杀过去。主帅张敬达见契丹都是一些老弱之兵，也一时兴起，挥兵冲上前去。

辽太宗站在一处高地上，见后唐军队冲杀过来，发出进攻信号，埋伏在汾河两岸的契丹人马纷纷杀出，把后唐军截为数段，分别击杀。

后唐军没有想到芦苇丛中会有契丹伏兵，顿时大乱起来，纷纷逃命而去。主帅张敬达也失去了控制力，只好回马想退守大营，可大营已经被石敬瑭大将刘知远夺取，只好退保晋安寨。契丹一战就解了太原城之围。

石敬瑭在后唐军队撤去后，率臣僚从北门出城前往契丹军营觐见"父皇"，"父子"两人见过礼后，都深感相见恨晚。不过，此时的石敬瑭心里还在想着一件事，便望着"父皇"问道："皇帝远道而来，兵马疲倦，仓促间和唐兵交战，而获大胜，这是什么道理呢？"

辽太宗看着主动送上门来的儿子一副天真的样子，哈哈大笑后，从两军相遇勇者胜；从后唐军队围攻太原城两月有余士气已衰，而我军士气正盛，利于迅战；从战场形势瞬息万变，机会稍纵即逝；从要灵活运用兵法，而不能机械地照搬照套兵法等诸方面，给"干儿子"上了一堂军事理论课。

石敬瑭从小学习兵法，在后唐军队中也算是一个出类拔萃的军事人物，可听了"父皇"的一套军事理论后，还是佩服得五体投地。不过，此时显然不是"父子俩"讨论兵法的时候，寒暄一阵后，两军合为一军，将晋安寨包围起来。

后唐皇帝李从珂得到张敬达兵败的消息后，心里虽然十分恐惧，但也没有束手待毙，而是组织了三路大军，一路由幽州节度使赵德钧率领，深入契丹人马之后；一路由天雄军节度使范延光率领，屯辽州（今山西省左权县）；一路由彰圣都指挥使符彦饶率领，屯河阳（今河南省孟州市）。这样的安排，从战略上讲是对路的，退可以防止契丹人马南下，进可以对契丹人马形成合围之势。但是，正确的战略战术制定之后，将领们就成了关键因素。从三路兵马的安排来看，赵德钧一路最为重要，只有这路兵马插到契丹人马后方，才能对契丹人马形成包围之势，从而对契丹人马构成威胁。但问题恰恰就出在这路兵马上，因为赵德钧并非真心实意抗击契丹，而是也想乘机借契丹之力夺取中原龙椅。

赵德钧本名赵行实，原为幽州刘仁恭属下，李存勖攻取幽州后归降李晋，被赐姓名李绍斌，几经升迁为幽州节度使（925年）。李嗣源即位后唐皇帝后，他改回原姓，起名赵德钧，仍任幽州节度使，在防御契丹人南下方面，还是做出了一定的贡献，因功被封为北平王。为了与契丹搞好关系，他经常派信使到契丹，给述律平和耶律德光母子送去一些珍品，耶律德光有时也回赐些奇物给赵德钧，双方往来不断，相互间也有一定的了解。应该说，这个时候的赵德钧主动与契丹搞好关系，主要还是为了边境的稳定。当李嗣源死，李从珂和石敬瑭争夺皇位斗争日趋白热化，赵德钧的思想也开始活动开来。在他看来，自己镇守幽州十多年，对契丹的了解及与契丹的关系，要比石敬瑭强百倍，石敬瑭能结契丹为外援以图中原皇位，自己为什么就不能呢？有了这种想法后，赵德钧便时刻在寻找机会。当契丹人马将张敬达包围在晋安寨之后，赵德钧认为出手的机会到了，就主动请求去解晋安寨之围，其真正目的是想借机把更多的军队抓在自己手里，为最终夺取中原皇位积累资本。当自己的要求得到满足后，他并没有率军深入契丹人马后方，而是率军走到潞州（今山西省长治市）附近便不再往前走了，一边向后唐皇帝李从珂提出把其他兵马划归他指挥的要求，一边观察局势，待机而动。

　　李从珂发出三路大军后，在臣僚们的劝说下，又极不情愿地北上督战，可走到河阳就不敢再往北走了，又召集众臣僚商量退敌之策。

　　此时权臣们又有了排除异己的机会，建议让赵延寿率军北上御敌。赵延寿是赵德钧的养子，与石敬瑭同是李嗣源的女婿，也就是李从珂的妹夫或姐夫，时任枢密使兼藩镇节度使，是后唐朝中重臣，权臣们嫉妒其权势，便想借机将其调离朝廷。李从珂也是火烧眉毛顾眼前，不加分析，就同意了这一建议，命赵延寿率2万人马前去与养父赵德钧会合一起破敌。

　　赵延寿率兵走后，又有人建议立耶律倍为契丹主，派兵护送

他回契丹国主政，再将这一信息公布出去，这样一来，辽太宗肯定会有所顾忌而回军，后唐乘机偷袭契丹，定能大获全胜。应该说，这是一个非常好的计策，一下子抓住了辽太宗的软肋，可惜的是李从珂并没有采纳这一建议。

辽太宗将后唐军队包围在晋安寨之后，为了鼓舞石敬瑭的士气，准备册封其为大晋皇帝，可当时石敬瑭还只是节度使，官职太低不宜直接当皇帝，于是便先册封其为晋王，过渡几天后，在太原城外筑坛准备正式册封石敬瑭为大晋皇帝。由于事情太过仓促，到了册封这天，石敬瑭还穿着节度使衣服。辽太宗对"儿皇帝"也是做到家了，把自己的龙衣龙冠脱下来，给石敬瑭穿戴上。就这样，石敬瑭穿戴着"父皇"的龙衣龙冠登上坛顶，拜完皇天拜厚土，再拜比自己小十岁的契丹皇帝干爹，算是当上了大晋皇帝（936 年11 月）。然后，再次重申坐上中原龙椅后将燕云十六州割给契丹，同时还许诺每年向契丹纳贡三十万匹帛布。

辽太宗虽然册封了石敬瑭为大晋皇帝，但形势并不容乐观，契丹兵马攻打晋安寨数日不下，伤亡很大不说，后唐诸路援军也都陆续到达指定地点，对契丹军队逐渐形成包围之势，如果再拖延下去的话，就有被切断后路的危险。不过，战场形势瞬息万变，随时都在发生着变化，正在辽太宗担心的时候，赵德钧送上门来。

赵德钧与养子赵延寿的 2 万兵马会合后，仍然按兵不动，在后唐皇帝李从珂的多次催促下，才不得不前行。当走到一个叫团柏谷（今山西省境内）的地方时，便不再往前走了，向李从珂提出了额外要求。当他的要求没有得到满足，便露出了野心家的本来面目。他派人前往契丹军营，以率兵灭亡后唐、与契丹结为兄弟之国、让石敬瑭长久镇守太原为条件，乞求契丹抛弃石敬瑭而扶持自己当中原皇帝。辽太宗正在为时局担心，见到赵德钧的信使后，心里也活动开来。

刚刚当上大晋皇帝没几天的石敬瑭，得知辽太宗思想动摇的消息后，吓得要死，急忙派桑维翰前往契丹军营做思想工作。

桑维翰是石敬瑭的得力幕僚，就是他极力撺掇石敬瑭以称臣称儿割地为条件结契丹为外援，他一听辽太宗思想动摇，要立赵德钧为中原皇帝，心里也慌了起来，立即前往契丹军营。别看他长得脸大身短（三尺脸七尺身），是一个十足的丑八怪，可为了主子石敬瑭也是豁出去了，在辽太宗大帐外从清晨一直跪到傍晚，不吃不喝，流着眼泪不断地重复着三点理由：一是作为大国之君，不能言而无信，出尔反尔，你既然已经答应帮助我主，就不能再答应帮助赵德钧；二是赵德钧父子是小人，不值得信赖；三是我们开出的价码（指称儿割让燕云十六州）比赵德钧的条件优厚得多，你不能因为小利而舍弃大利。

正所谓功夫不负有心人，桑维翰的忠心终于打动了辽太宗，他把赵德钧的信使叫到身前，指着一块石头说："我已经答应了石郎，等到这块石头烂掉了，才能改变。"

与此同时，晋安寨里也发生了变故。晋安寨被铁桶般围了近三个月，内外隔绝，粮草耗尽，人吃战马，战马吃淘洗过的马粪或相互啃马尾和马鬃为食。这样的恐怖局面，给将士们造成了极大的心理压力，人心也开始浮动起来。副将杨光远见援兵不到，即使寨不破，兵将们也得被饿死，便劝主将张敬达投降，以保全将士们的性命。张敬达性格刚烈，说："除非你们杀了我，提着我的头去投降。"不料，杨光远还真就寻机杀死张敬达，打开寨门投降了契丹。

晋安寨投降后，后唐能够抗衡契丹的只有赵德钧父子了。此时，战争的主动权仍然掌握在后唐一边，如果赵德钧父子能够挺身而

出，挥军拒敌的话，必然带动其他后唐军队杀敌，战争胜负还真是难测。但是，赵德钧在被辽太宗拒绝后，仍然对夺取中原皇位抱有幻想，为了保存实力，在晋安寨投降的同时，也率军向南逃去，可逃到潞州（今山西省长治市）后，见大势已去，竟然也投降了契丹。

赵氏父子投降契丹后，战争形势明朗起来，胜利的天平开始向石敬瑭这边倾斜。辽太宗这才长长地舒了一口气，但他对战场形势还是有着清醒的认识的。

石敬瑭与李从珂的战争是后唐内部皇权之争，契丹只是应石敬瑭之邀而参战的，既然石敬瑭已经掌握了战争的主动权，有能力打败李从珂坐到中原龙椅上，燕云十六州也已经是契丹囊中之物，那么契丹大军就没有必要再进入河南（黄河以南），否则就会有侵略之嫌。中原人对契丹存在着敌视心理，一旦激起民变，反而会引发诸多的麻烦。因此，辽太宗决定驻军潞州，让石敬瑭自己率军南下，去完成对李从珂的最后一击。为了打消石敬瑭的顾虑，他拨出五千骑兵随石敬瑭一起南下，同时鼓励石敬瑭放心去干，如果遇到什么麻烦，自己随时率大军下太行山前去增援，如果洛阳平定了，自己则率大军直接返回契丹。

其实，石敬瑭也已经看清了战争形势，自己坐上中原龙椅只是时间问题，但是他心里并不轻松，正所谓请佛容易送佛难，如果辽太宗这个"干爹"进入洛阳城不走怎么办？听了辽太宗的一席

话后，石敬瑭如释重负，心里暗自高兴，没想到干爹如此明事理呀！但他心里高兴，脸上却没有表现出来，装出一副难舍难离的样子。

辽太宗不仅对战争结果成竹在胸，同时也看出了石敬瑭的心理，于是脱下自己身上的白色貂皮大衣，一边给儿皇帝披上，一边说道："希望我们的代代子孙都不要相忘。"然后，又指了指桑维翰、刘知远等人嘱咐道："桑维翰、赵莹、刘知远都是创业功臣，如果没有什么大罪，希望你不要遗弃他们。"

辽太宗这番话语是预感还是无心不得而知，不过几年后却都应验了，可谓是有先见之明。

石敬瑭眼含泪水，不住点头表示记住了，抓住"父皇"的手久久不愿撒开……

李从珂在怀阳（今河南省沁阳市）得到晋安寨投降的消息后，吓得一路南下跑到了河阳，没等屁股坐热，又得到石敬瑭率兵逼近的消息，吓得又跑回洛阳。而此时的洛阳也早已得到赵德钧父子投降契丹的消息，人心离散，乱作一团。

人在临死时大多都会回想一些往事，李从珂想没想往事不得而知，不过，此时他倒是想到了一个人，那就是耶律倍。如果不是契丹人援救石敬瑭，我哪有今天的结果呀！你辽太宗不让我活，我也不让你兄长活。于是，他派人找到耶律倍，让他陪自己死。

耶律倍避居后唐后，得到很高的礼遇，后唐皇帝李嗣源奉其为上宾，把李存勖的一名妃子夏氏赐予其为妻，先赐姓名为东丹慕华，后又赐姓名为李赞华，给予节度使待遇，每年过生日时，后唐大臣都到场祝贺等。在这样的生活环境下，耶律倍的琴棋书画也都有了长足的发展，以精通诗书，擅长丹青，折服了许多中原人（其个人丹青画作还成为后来宋、金、元"秘府"收藏的珍品）。一句话，耶律倍在后唐活得很自在。不料，人在屋里坐，祸从天上来，李从珂在穷途末路时，突然想到让耶律倍陪自己死，以报自己国家被契丹灭亡之仇。耶律倍活得好好的，自然是不愿意死。但此时已经由不得他，李从珂见耶律倍不陪自己死，就派人将其杀死，然后举家自焚。

后唐自李存勖至李从珂历十三年传四帝三姓，被后晋所取代（936 年 11 月）。

辽太宗从率兵南下册封石敬瑭为儿皇帝，到把燕云十六州收入囊中，用了不到三个月的时间。

5. 述律后语杀赵德钧

赵德钧举兵投降契丹，直接导致后唐灭亡，但在辽太宗那里并没有获得半点功劳。不仅如此，辽太宗深知一山不容二虎，既然石敬瑭当上中原皇帝，那赵德钧这个也想当中原皇帝的人自然就不能再在中原生活。于是，命人将赵德钧、赵延寿父子戴上枷锁押往契丹。

此时的赵德钧心里仍然有所不甘，在他看来，辽太宗虽然是契丹国皇帝，但大权却掌握在国母述律平手里，只要得到述律平的支持，事情就也许还有回旋的余地。于是，在被押往契丹西楼皇都路过幽州时，他将家中的金银财宝和登记田宅的簿籍都带在身上，到了契丹皇都后，全部献给了地皇后述律平，想以此博得述律皇后的好感，以期东山再起。

但是，赵德钧错了，述律平岂是见利动心之人？赵德钧的所作所为不仅没能打动述律平，而且还被述律平狠狠地羞辱了一番。

赵德钧把财宝献上后，述律平连瞅都没瞅，而是斜睨了他一眼："你最近到太原去干什么？"

赵德钧："是奉了唐主的命令，援救张敬达。"

述律平指了指天："你向我儿子恳请立你为天子，你怎么能胡乱说话呢？"又指着自己的心："这是不能欺骗的。"停顿一下，"我儿将出发的时候，我告诫他说：'赵大王（赵德钧）若带兵向榆关进发的话，你就赶紧率军回国，太原是不能救的。'你想做天子，为何不先打退我的儿子，然后慢慢地图谋，也还不晚。你做人臣子，既已背叛你的君主，不能攻打敌人，又想趁着战乱谋求私利。你的所作所为居然是这个样子，还有何脸面再生存于天地间呢？"

赵德钧低着头不能回答。

述律平望着赵德钧："你所献的财宝货物在此，那田宅又在何处呢？"

赵德钧："在幽州。"

述律平："幽州现在属于谁？"

赵德钧："属于太后。"

述律平微微一笑："那又怎么算是你献给我的呢？"

赵德钧被述律平如此羞辱一番，饭也吃不下了，觉也睡不好了，一年后抑郁而死。

6. 国号大辽

辽太宗在太行山上目送着石敬瑭进入洛阳城,便开始率兵北返,自然也是要视察一下已经属于契丹的燕云十六州的。但是,此时的燕云十六州还多控制在后唐将领手中,他也是不能随便进入某些州城的,当走到云州时就遇到了阻力。

云州节度使倒是识时务,亲自出城迎接,可节度判官吴峦却不甘心就这么把云州送给契丹,组织城内军民关闭城门,将契丹人马拒之城外。

辽太宗不禁大怒,指挥大军攻城,但久攻不下,最后还是石敬瑭出面调解,把吴峦调到别镇任职,才把云州正式交给契丹。

辽太宗北返历时两月,回到西楼皇都时已经是第二年(937年)二月,此时中原局势并不稳定。石敬瑭虽然坐上了中原龙椅,但有些藩镇并不服他,政令难以畅通不说,有的藩镇竟然造起反来。石敬瑭一边平叛,一边派使臣到契丹孝敬"干爹"、"祖母"(述律平)及商议割让燕云十六州事宜,一直到第二年(938年)十一月,石敬瑭才派赵莹将燕云十六州地籍送到契丹。

这十六州分别是幽(今北京)、檀(今北京密云县)、顺(今北京顺义区)、儒(今北京延庆县)、蓟(今河北蓟县)、莫(今河北任丘市)、瀛(今河北河间市)、

涿（今河北涿州市）、妫（今河北怀来县）、武（今河北宣化镇）、新（今河北涿鹿县）、蔚（今河北蔚县）、云（今山西大同市）、应（今山西应县）、寰（今山西朔县马邑镇）、朔（今山西朔县）。至此燕云十六州正式划入契丹版图，加上原来的平、营、滦三州，契丹实际统有燕云蓟地区共十九州。

十六州归附契丹后，契丹版图内出现了三块明显不同的区域，即以幽州为中心的燕云地区，以南京（今辽宁辽阳市）为中心的辽东地区；以西楼皇都为中心的大漠草原地区。很明显，这三个区域的社会制度、百姓的生产生活方式、经济发展水平存在着很大的区别。那么，如何把这三大区域统治在一个国度里呢？

辽太宗显然是从父皇阿保机那里学到了"因俗而治，各得适宜"之真谛，根据三个区域的不同特点，将西楼皇都升为上京，南京辽阳改为东京，幽州升为南京，以三京为中心，对三个区域实行不同的政策，即"因俗而治，各得适宜"。同时，将北院部、南院部、乙室部三大部夷离堇升格为大王，分别驻守三个地区。

为了适应对三个区域不同管理的需要，在职官设置上进行了汉化改革，将汉儿司改革为汉人枢密院，专门负责燕云和辽东地区汉人及渤海人事务；任用汉人和渤海人为官，借用中原的一些官职如御史大夫、宣徽使、合门使、中丞、侍御、判官等。

在改革政权机构，借鉴中原官职的同时，还有一个重要的问题必须解决，那就是如何消除燕云地区民众对契丹的敌视。

燕云十六州隔燕山山脉与契丹相邻，是契丹南下抢掠最多的地区，燕云民众饱受契丹兵燹之苦，有些人甚至是谈契丹色变，心中充满了对契丹的敌视。燕云十六州又是石敬瑭割让给契丹的，而不是契丹以兵征服的。因此，后唐灭亡时，这十六州还大多控制在后唐将领手里，石敬瑭进入洛阳坐上中原龙椅后，通过征伐或说服，才使这些州县归附了契丹。但是，归附的只是土地，人心却思归中原。

辽太宗是一个汉文化素养很高的皇帝，不仅会说汉话，能使用汉文字，而且很会琢磨汉人的心理。他想出了一个简单易行的办法，那就是改契丹国号为大辽（938年11月）。

确实是很简单吧！只是把"大契丹"改为"大辽"，仨字改成俩字。其实，事情往往就是这样，看起来简单的事情，其实并不简单。将"大契丹"改为"大辽"，这里面的学问可就大了。

大辽国号，起码有三层含义：第一，这是一个汉化的国号。燕云民众敌视契丹，不仅仅表现在对契丹人的敌视上，也表现在对"契丹"一词的敏感上。人们往往只要听到"契丹"一词，就已经开始反感了。对于"大辽"，则就没有那么敏感了，有一个接受的过程，而事情一旦有了过程，那就好办多了。第二，大辽国号，取名于辽水（即以今赤峰市境内的老哈河和西拉沐沦河为主源的西辽河）。辽水，是契丹民族的母亲河，以"大辽"为国号，也能够充分体现契丹民族文化特征。第三，也是最重要的一点，大辽国号，昭示着契丹国家已经由一个民族概念的汗国，开始向一个地理概念的国家转变。这可是一个质的飞跃呀！民族概念下的汗国，统治民族唯我独尊，被统治民族往往无权利可言；地理概念下的国家，国家版图内的民族都是国民，虽然仍有统治民族与被统治民族之分，但只要是国民，或多或少都享有一些权利。

在改国号为大辽的同时，辽太宗还将辽天显十三年（938年）改为会同元年，会同年号显然具有蕃汉一家，天下大同的含义。由此不难看出，契丹统治者们已经将中原之地纳入了自己的势力范围。

关于契丹国号，还有一个很有意思、目前史学界仍然在讨论

的话题，那就是契丹国号到底叫什么。

关于契丹国号，《辽史》中唯一的一条记载是辽太宗大同元年（947年）"二月丁巳朔，建国号大辽，大赦，改元大同"，就连辽太祖建国的国号都没有记载。根据中原史籍及出土的辽代墓志和石刻资料，契丹国号不止一个，而且有多个。有"大契丹""大契丹国""契丹""契丹国""哈喇契丹""大辽"、"辽国"等。中原史籍更是明确记载，辽太宗于辽天显十三年（938年）"改国号为大辽"，辽会同十年（947年）"更其国号大辽"，辽圣宗于辽统和元年（983年）"改大辽为大契丹"，辽道宗于辽咸雍二年（1066年）"改国号曰大辽"。

综合《辽史》及中原史籍及出土的辽代墓志和石刻资料，契丹国号的演变过程大致如下：辽太祖建国时的国号是"大契丹"。辽天显十三年（938年），辽太宗获取燕云十六州后，为了统治燕云地区的汉人，改国号为"大辽"。辽会同十年（947年），辽太宗灭亡后晋入主汴京后，将后晋国号改为"大辽"。辽统和元年（983年），辽圣宗（实际上是萧太后）将国号"大辽"改为"大契丹"。辽咸雍二年（1066年），辽道宗将国号"大契丹"改为"大辽"。

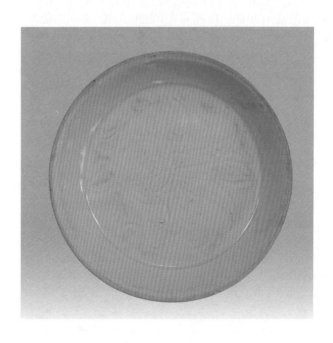

从使用时间上

来看，大契丹与大辽国号各使用105年。其中大契丹国号使用时间段为：916—937年，983—1065年。大辽国号使用时间段为：938—982年，1066—1125年。

以上只是契丹汉文国号的使用及演变过程，在契丹文字资料中，契丹国号为"哈喇契丹"，目前尚未发现有"大辽"国号的记载。而在出土的辽代差不多同一时期的墓志和石碑资料中，契丹国号有称"大契丹"的，亦有称"大辽"的。

由此有研究者认为，契丹国号的使用情况大致是，辽太祖建国时的国号全称是"哈喇契丹"，而"大契丹"、"大契丹国"、"契丹"、"契丹国"等均是简称。辽太宗天显十三年改国号为"大辽"，此后契丹便有了"大契丹"和"大辽"双重国号，以契丹为主的草原诸部族称"哈喇契丹"或"大契丹"，

以燕云地区为主的汉人称"大辽"。在外交方面同样出现了有意思的现象，中原政权或中原人称契丹为"大辽"或"辽国"，中、西亚地区的"胡人"及诸属国、属部称契丹为"哈喇契丹"或"大契丹"。

也就是说，自辽太宗获取燕云十六州，将契丹国号改为大辽（938年），契丹便有了并开始使用"大契丹"和"大辽"双重国号。

亦因此，目前史学界把契丹人统治我国北方时期称为"契丹国"、"契丹王朝"、"辽"、"大辽"、"辽王朝"、"契丹辽王朝"等等。这也是本书取名为《揭秘契丹辽王朝》之故。

契丹辽王朝双重国号，不论是有意还是无意，就像契丹上京皇都有皇城和汉城一样，从某种意义上都体现了契丹国家"以汉制待汉人，以国制治契丹"的"一国两制"基本国策。

可以肯定的是，大辽国号绝不仅仅是辽太宗一个人的杰作，这里面肯定有汉族知识分子的智慧。

TIE MA ZHONG YUAN

第二章
铁马中原

二

秋七月庚寅，晋遣金吾卫大将军梁言、判四方馆事朱崇节来谢，书称"孙"，不称"臣"，遣客省使乔荣让之。景延广答曰："先帝则圣朝所立，今主则我国自册。为邻为孙则可，奉表称臣则不可。"荣还，具奏之，上始有南伐之意。

《辽史》

1. 石晋称孙不称臣

石敬瑭虽然结契丹为外援坐上了中原龙椅，但这个皇帝当得却很累。一方面要承受国人的白眼，一方面要平定起来造反的藩镇，一方面还要孝敬北方的契丹。就这样当了 7 年的"儿皇帝"，便撒手而去（942 年 6 月）。石敬瑭共有 7 个儿子，4 子被杀，2 子早殁，临死时只剩下小儿子石重睿，他在临死前命人把小儿子放入首辅冯道怀中，意思明了，那就是让冯道辅佐小儿子当皇帝。

冯道就是我国五代十国时期有名的政坛"不倒翁""长青树"。曾在四朝（后唐、后晋、后汉、后周）为官，伺候过 10 个皇帝。其中给 6 个皇帝当过宰相，一看履历便知其是一个玲珑八面的政客。说起此人还与契丹很有缘分。

冯道出生在穷困家庭，从小就刻苦学习，不论环境如何，坚持学习，从不中断，从而学得了一身文采。开始的时候，冯道投在幽州的刘守光门下，因言语而得罪了刘守光，被下在狱中，幸被人所救，又逃到太原，几经周折，当了太原府的掌书记。李存勖灭亡，后梁建立后唐（923年），冯道迁任后唐中书舍人、户部侍郎。在任期间，冯道以体谅百姓，勤俭持家而著称，就连远在大漠草原的辽太祖阿保机都很羡慕冯道的文采，曾想挥兵中原，把冯道抢到手里。李嗣源即位后唐皇帝（926年），因为不识字，特意设立端明殿学士一职，来帮助自己念奏折和处理文书方面的事务，冯道任第一任端明殿学士，成为李嗣源的主要助手。不久，冯道又被提升为中书侍郎、礼部尚书、平章事，成为后唐宰辅之首，并以能诗能文善辩著称。李从珂夺取后唐皇位，冯道被贬出朝堂不受重用。石敬瑭建立后晋政权，冯道又被重新起用为宰辅。当时石敬瑭想选一个到契丹孝敬"父皇帝"耶律德光和"祖母"述律平的使臣都很难，诸大臣都害怕派自己去，有的吓得手都哆嗦起来，冯道身为首辅，没有退路，便自告奋勇请求前往。

辽会同元年（938年）冯道出任后晋册礼使，出使契丹给皇太

后述律平上尊号，辽太宗早就听说过冯道的名声，准备亲自出皇都城迎接，在臣僚们"天子无迎宰相之礼"的劝说下，才打消了这一想法。冯道于当年10月末到达契丹西楼皇都；11月1日辽太宗在西楼皇都驿馆特意为冯道准备了丰盛的接风酒宴，派北、南宰相等辽廷要员作陪；11月3日辽太宗在皇都城内开皇殿接见了冯道；11月9日皇太后述律平在开皇殿接见了冯道等后晋使臣，冯道代表后晋政府给述律平上尊号曰广德至仁昭烈崇简应天皇太后。

冯道此行在契丹逗留百日有余，并在契丹过了春节，与辽太宗的关系搞得很是密切，辽太宗特意派使臣到后晋命石敬瑭给冯道加官守太傅。第二年正月（939年），辽太宗在开皇殿设宴为冯道等晋使饯行，席间赐予冯道牙笏和牛头等殊礼，冯道照单全收，并即兴作"牛头偏得赐，象笏更容持"等诗句来表达自己受到殊礼的兴奋心情。辽太宗劝冯道留在契丹，冯道回答说："南朝为子，北朝为父，两朝皆为臣，岂有分别哉！"一番话说得辽太宗心情舒畅，遂放冯道回了后晋。

冯道圆满完成出使契丹任务，加之与耶律德光的密切关系，更加得到石敬瑭的器重，朝中大事均征求冯道的意见。后来冯道告老还乡，石敬瑭坚决不允许。

石敬瑭在临终时把冯道选为托孤之臣，显然是看中了他与契丹皇帝辽太宗的特殊关系。

应该说，此时的冯道已经是后晋朝中炙手可热的人物，国内是托孤大臣，国外与契丹皇帝辽太宗关系密切，如果他主事硬点的话，那怀中的石重睿就是后晋天子，他也由此以拥立首功，位居百官之上，以他与辽太宗的关系，完全可以维持后晋与契丹原来的关系。但是，冯道在宰辅之位年久，早就学会了玲珑之术，然而在这个关键时刻冯道偏偏不敢做这个主，又找到时任天平军节度使、侍卫马步都虞侯景延广商量。

景延广本是一员武将，做事莽撞，倒也敢于做主，认为乱世不宜立幼子为帝，便主张让石重贵继承了后晋皇位。

石重贵并非石敬瑭的儿子，而是其侄子，幼时丧父，被石敬瑭养于身边，爱如己出。说起来石重贵的发迹还与辽太宗有关系。

当年（937年）契丹人马攻陷晋安寨，后唐灭亡已是时间问题，辽太宗于是让石敬瑭自己去攻取洛阳。石敬瑭在离开太原前往洛阳时，把自己的儿子们集中在一起，让辽太宗帮助选一子镇守太原，辽太宗指着石重贵说，就这个大眼睛的行。石重贵虽然不是石敬瑭的儿子，但是"父皇帝"说行，那就行。就这样，石重贵得以主政太原，开始步入仕途，并逐渐进入后晋权力中心。石敬瑭病逝时，因其几个成年的儿子们都不在人世了，石重贵于是被景延广选中，继承了后晋皇位。但是，石重贵并没有很好地珍惜这一权力，即位伊始，便干了一件让人所不齿的事情。

石敬瑭有一小弟弟叫石重胤（石重贵的叔叔），英年早逝，其妻冯氏一直寡居未嫁。石重贵继承皇位后，没等将石敬瑭安葬，就娶了这位寡妇婶娘为妻。

这件事本身并无可非议，石重贵是突厥沙陀人，突厥族与其他游牧民族一样，盛行子娶庶母，叔娶寡嫂，这是其民族习俗使然。论辈分，冯氏是石重贵的婶娘，两人结为夫妻，也属平常之事。可问题出就出在，冯氏寡居多年，石重贵没娶，而石敬瑭刚死，石重贵就娶其为妻，而且是在石敬瑭还没有下葬的情况下，大办喜事，总是有些污人眼睛。

很显然，石重贵并不是想照顾这位寡居多年的婶娘，而是看中了婶娘的姿色。这还不说，石重贵竟然还拉着冯氏到石敬瑭的

灵柩前，开怀畅饮，并洒酒于地说，皇太后命令，先帝没有下葬，不可大庆，引得左右人都不禁大笑起来。

石重贵见左右人都在笑，也禁不住一边笑，一边问左右的人："我今天当新郎官，当得怎么样？"

由此可见，石重贵即位伊始便露出了亡国之相。

石敬瑭是契丹的"儿皇帝"，如今病逝，自然要告知北方的"父皇帝"一声，可在讣告上如何称呼契丹的问题上，晋臣们却发生了分歧。本来这并不是什么问题，石敬瑭是"儿皇帝"，石重贵小一辈自然就是"孙皇帝"，石敬瑭向契丹称臣，石重贵这个继承者接着称臣也就完事大吉，晋廷中的大部分臣僚也都是这个意

见。唯独景延广不这么想，他认为先帝石敬瑭是契丹所立，向契丹称臣理所当然，可如今的天子石重贵是我们自己所立，就没有必要再向契丹称臣，称孙就已经是高看契丹一眼了。后来的实践证明，景延广不过是在逞匹夫之勇罢了。

石重贵以侄子身份继承皇位，自然也有些忘乎所以，见景延广如此强硬，腰杆子也立时硬了起来："对，皇帝就是皇帝，怎能向别人称臣呢！"

就这样，一份称孙不称臣的讣告，递到大辽国皇帝手中。

辽太宗将石敬瑭扶上"儿皇帝"宝座后，不仅把燕云十六州地籍装入囊中，而且使中原政权成为大辽国的附庸，同时也成就了大辽国在东北亚的霸主地位。在随后的几年间，除了中原的石晋政权适时（如过年过节，皇帝、皇后、皇太后生日等）上贡而外，周边国家、诸部族也都蜂拥而来，室韦、铁骊、女真、吐谷浑、乌孙、黑车子室韦、回鹘、阻卜、敦煌、鼻古德、赁烈及南方的南唐、吴越等，都纷纷向大辽国纳贡，有的甚至是一年几贡。在这样的大好形势下，却突然接到了石晋称孙不称臣的文书（讣告），其心情是可想而知的。

但是，辽太宗已经当了十九年的皇帝，给中原的后晋政权也

当了七八年的"父皇帝"，不仅是一个老道的政坛人物，而且对后晋朝中事情也一清二楚，因此对后晋只称孙不称臣虽然很生气，但也没有立即兴兵问罪，而是派对后晋朝廷比较熟悉的乔荣前往汴京了解情况，责问晋廷何以称孙不称臣。

乔荣原是后唐河阳牙将，为人机敏，很有经济脑瓜，与赵德钧父子一起降辽，被辽太宗相中，任命为大辽国的出使代表，经常出使后晋及南方诸国，与晋廷中的一些官员也都比较熟悉。他来到汴京后，向石重贵转达了辽太宗的责问：一是石晋为什么事前不向大辽国请示，就擅自拥立皇帝；二是石重贵为什么只称孙不称臣。

不料，没等石重贵说什么，景延广抢着回答了这两个问题："一是石敬瑭为契丹所立，称臣应该，石重贵是我朝自己所立，没有向契丹称臣的必要；二是国不可一日无君，如果等禀报契丹再立新主，出了问题契丹负得起责任吗？一句话，我们晋朝的事情要由我们晋朝自己做主，你契丹不要再来指手画脚。"

对于后晋的这种以下犯上、以小犯大的忘恩负义行为，辽太宗自然是不会听之任之、视而不见的，遂决定兴师问罪。但是，如同一个老道的猎手一样，他并没有立即发兵，而是暗中等待适合的出兵时机。

2. 赵延寿和杨光远

五代无疑是中国历史上最乱的时期之一，这个"乱"既表现在战乱上，几乎每天都在打仗都在死人，同时还表现在君乱上。五代只有53年（即907年朱温代唐建后梁至960年赵匡胤代后周建北宋），每个朝代平均历时10年多一点的时间，却历八姓14

位皇帝（其中，后梁三帝一姓、后唐四帝三姓、后晋二帝一姓、后汉二帝一姓、后周三帝二姓）。也就是说，每个皇帝在位时间平均不到4年。但是，皇位更迭如此频繁，还有许多想当皇帝的人没有当上呢！这期间尤以后晋为最，在后晋短短的11年中，出现了许多想当皇帝的人，其中有几个重量级的人物，他们都无一例外地效仿石敬瑭，想借契丹之力坐到中原皇帝的龙椅上。赵延寿和杨光远就是这样的两个人。

赵延寿本姓刘，父亲还是唐朝的一个县令，后来在一次混战中，赵延寿和母亲落入沧州属将赵德钧手里，被收为养子改姓赵。这父子俩后来投奔了后唐，赵德钧升任幽州节度使，赵延寿则被李嗣源招为女婿（与石敬瑭连襟），累官至枢密使兼藩镇节度使。父子两人导致后唐灭亡后又同时投降契丹，赵德钧被述律后羞辱而死，可赵延寿却在辽廷顺风顺水地当起官来。燕云十六州归附契丹后，赵延寿出任幽州节度使、封燕王；辽太宗改汉儿司为汉人枢密院后，赵延寿又担任首任枢密使；幽州升为南京后，赵延寿又担任首任南京留守，总管幽州事务，成为汉臣在辽廷官职最高、权势最大之人。同时，赵延寿与辽太宗及辽廷上层达官贵人的关系也相当不错，还结拜了一些干兄妹。

石敬瑭当皇帝的七年，中原不时地发生叛乱，可契丹却太太平平。赵延寿在闲暇之余，游山玩水，咏诗吟对，曾留下"黄沙风卷半空抛，云重阴山雪满郊。探水人回移帐就，射雕箭落著弓抄。鸟逢霜果饥还啄，马渡冰河渴自跑。占得高原肥草地，夜深生火折林梢"等诗句。但是，赵延寿在游山玩水之余，心里却也始终没有忘了中原的龙椅，始终留着一只眼睛看着中原局势。

赵延寿的这种想法显然与石敬瑭当皇帝有关系。赵延寿与石敬瑭都是李嗣源的女婿及重要臣僚，从女婿的角度上讲，石敬瑭

虽然娶了李嗣源的长女为妻，是长婿，但赵延寿先后娶了李嗣源的两个女儿（十三女和小女）为妻，并不落下风；从官职上讲，石敬瑭多在后唐地方上任职，是地方官，赵延寿则不仅官至后唐枢密使为（宰辅之一），而且兼任地方藩镇节度使，集将相于一身，官职及权势都是前者无法比的。正因为此故，赵延寿见石敬瑭争夺中原龙椅，于是也与义父赵德钧一起加入了争夺中原皇位的行列，只是石敬瑭先行一步结契丹为外援抢得先机，赵延寿才落得败入契丹。不过，赵延寿人在契丹，心却始终在想着中原龙椅，只不过石敬瑭是辽太宗所立，他只能暗暗地等待机会。

石敬瑭死，石重贵即位皇帝，对契丹称孙不称臣，晋与契丹的关系恶化，赵延寿终于等到了机会。他自以为在契丹生活七年，对契丹人的心理很了解，认为契丹人不可能去做中原皇帝，不过是想选一个听自己话的汉人来当中原皇帝而已，以自己跟大辽皇帝辽太宗的亲密关系，中原新皇帝非自己莫属。于是，他极力撺掇辽太宗挥兵南下讨伐石重贵，以便借机坐上中原龙椅。

与此同时，还有一个人也瞄准了中原龙椅，那就是杨光远。杨光远也是沙陀人，在晋安寨杀死主将张敬达举兵投降石敬瑭后，以功升任后晋宣武军节度使（治所在汴梁，今开封）。大凡卖主求荣的人都有

一种不安的心理，杨光远虽然看不起石敬瑭称儿割地的做派，却也怀疑石敬瑭也看不起自己卖主求荣的行为，因此始终与石敬瑭隔着心。石敬瑭当上皇帝不久，晋天雄军节度使范延光造反，杨光远受命前去平叛，因平定叛乱有功接替范延光担任了天雄军节度使。自此，杨光远自恃平叛有功，野心膨胀，开始干预朝政，竟然把时任枢密使的桑维翰排挤出朝廷。可随着时间的推移，石敬瑭发现杨光远的势力越来越大，恐其不好控制，就罢免了其天雄军节度使之职，将其调到河阳任职，后又调任平卢节度使（治所在今山东青州市）。杨光远从此怨恨在心，发展私人武装，秘密接触契丹，寻机待时，准备夺取中原皇位。

石敬瑭病逝后，杨光远认为时机来了，大肆招兵买马，积极做着起兵的准备。为了结契丹为外援，他派人给辽太宗送去密信，大致意思是现在晋朝正在闹着严重的灾荒，政府和民间都很困顿贫穷，兵马大半饿死，趁这个机会发兵南下，一定会灭亡晋国。如果契丹挥军南下，自己愿在黄河以南接应。

辽太宗得到杨光远的书信，再加上赵延寿的劝说，遂坚定了出兵南下伐晋的决心。

3．一伐石晋

辽太宗虽然决定出兵伐晋，但并没有表现出来，而是一边与晋保持着正常关系，一边寻找出兵时机，这样的时机很快就到来了。

景延广主张对契丹称孙不称臣，见契丹并没有什么太大的反应，胆子越发大起来，竟然把到晋朝做买卖的契丹商人都抓了起来，商品没收，入关进监狱或杀掉，这其中就包括乔荣。晋廷一些大臣怕景延广把事情闹大，引起两国战争，建议石重贵把乔荣等人

放了。石重贵也觉得景延广做得有些过分，便把乔荣放了出来。

乔荣回契丹前，特意向景延广辞行，准备要回被扣的财物，不料景延广不仅没有归还财物，而且又节外生枝，竟然大言不惭地挑衅说："希望北朝不要听信赵延寿的诳骗诱惑，出兵欺侮我朝，老祖父（辽太宗）假如生气，就来战吧！做孙子的有十万又长又大的横磨剑，能够用来作战。到那时被孙子所打败，被天下人所讥笑，可不要后悔啊！我们已经做好辽兵来犯的准备，并一定能打败你们。"

乔荣正在为财物被景延广抢去，回到契丹无法向辽太宗交代而担心，听了景延广的话，灵机一动说道："你说的话很多，我怕记不住，回去秉报时有所遗漏，请你用纸墨把刚才所说过的话记录下来。"

景延广未加思索，便命侍从把刚才所说的话记录下，一共是十一条，交给了乔荣。

辽太宗等的就是这样的机会，见到景延广的纸墨后，立即在南京调集数万大军，兵分三路南下伐晋（943年12月）。右路军由安端（阿保机五弟）率领出雁门南下攻太原；左路军由拔里得（阿保机二弟剌葛之子）率领沿沧州、德州一线南下，渡过黄河与杨光远会合开辟河南战场；辽太宗坐镇中路军，以赵延寿为先锋沿易、定、镇一线南下攻打澶州，直取汴京。

开始的时候，辽三路大军进展都非常顺利。右路军在安端率领下包围忻（今山西省忻县）、代（今山西省代县）两州，直趋太原；左路军在拔里得的率领下直取博州（守将开城投降），直趋黄河岸边；中路军更是进展迅速，赵延寿的先锋部队自莫州（今河北省任丘市，石敬瑭割给契丹十六州之一）长驱直入，很快攻至贝州（今河北省清河县）。此时镇守贝州的正是当年关闭云州城门将契丹人马拒之城外的节度判官吴峦。他几经迁调刚刚来到贝州任职，见辽兵前来攻城，立即率领城内军民守城。但由于新来乍到对情况不熟悉，用人不当而导致城门失守，贝州随之被契丹人马攻破，吴峦也投井身亡。

石重贵显然是对辽兵南下讨伐准备不足，接到辽兵攻下贝州的消息后，第一个反应便是派人去见辽太宗，表示愿意恢复双方的君臣关系，乞求辽罢兵。但由于战争道路受阻，派出的人没有达到辽军营便返了回来。石重贵无奈之下，只好硬着头皮任命景延广为晋军战时最高军事指挥官，全权指挥对辽兵作战，并亲自北上到澶州督战。但是，他对辽兵作战心理没底，便又派人前往辽军营觐见辽太宗，以恢复双方君臣关系为条件，乞求辽撤兵。这次派出的人倒是如愿到达了辽军营，可辽太宗刚刚攻下贝州，正在兴头上，便一口回绝了石重贵的请求。

石重贵被逼到了悬崖边上，这才不得不横下心来迎战，开始调兵遣将抗击辽兵：任命驻守太原的刘知远为幽州道行营招讨使，阻击辽右路军，并从侧翼进攻辽中路军；命右武卫上将军张彦泽率兵在黎阳抗击辽中路军；命侍卫马军都指挥使李守贞和神武统军皇甫遇率兵加强黄河防务，重点阻击辽左路军渡过黄河与杨光远会合。

这一安排立即收到了奇效。辽右路没等进到太原城下，便被刘知远击败；辽左路军攻下博州后，在降将的带领下很快推进至黄河西岸，可大队人马渡河渡到一半时，正遇上李守贞的巡河大军，已经渡过河的辽兵立即遭到屠杀，被杀死淹死者大半，西岸辽兵见不能渡河与杨光远会合，又怕遭到同样攻击，便撤军北返。

辽中路军的战斗则更为激烈。辽中路军攻下贝州后继续南下，正遇上高行周所率领的后晋先锋部队，两军战在一起，辽兵在数量上占优，很快将后晋军队包围起来，形成围歼之势。高行周不断派人求援，可晋军战时最高指挥官景延广对此却置之不理。

景延广逞一时之勇，主张对契丹称孙不称臣，从而挑起辽晋战争，并担任了晋战时最高军事指挥官，但他既无指挥战争之才，又无与辽军作战之胆，面对辽三路大军，竟然僵死地命令诸路晋军各自为战，不得相互求援。不仅如此，他自恃拥立首功，恃权傲君，意气用事，根本不把大臣和统兵将领们放在眼里，接到高行周的求援信息后，不仅不派兵救援，而且也不上报给皇帝石重贵。过了一段时间，见再不救援，高行周就有全军覆灭的危险，害怕自己担责任，才把这一消息上报给石重贵。石重贵责备了他几句，并命他立即派兵去救，景延广竟然强硬地说没有兵可派，要救皇帝率自己的卫队去救。

石重贵一听也来了脾气，率领自己的卫队冲了上去。辽兵围歼高行周部队，以多战少不能取胜，心里也有些畏惧，见晋援军冲上来，弄不清有多少人马，不敢再战，便撤兵而去。

辽太宗正驻兵元城，见前锋部队退了回来，便心生一计，放弃元城，假装败退，以引诱晋军来攻，半途中却设下伏兵，想一举歼灭晋军。不料天公不作美，接连下了几天雨，晋军因雨天路滑没有追击，辽兵却因等待伏击，人饿马乏又遭受了一些损失。辽太宗见左右两路军均遭败绩，中路军又受挫，遂生退兵之意。

赵延寿想当中原皇帝，心里自然不想就这样退兵，于是建议说："晋兵都在黄河沿岸，害怕我兵的强大，不敢上前与我军交战，不如进军攻下澶州，然后夺取黄河浮桥，这样就可以拥有中原了。"

辽太宗也不甘心就这么退兵，于是采纳这一建议，率十万大军杀向澶州城（今河南省濮阳市），在城北摆开阵势。石重贵也不甘心被动挨打，亲率大军列阵迎战。

这是辽晋皇帝在战场上第一次、也是唯一一次直接过招。就双方的兵力而言，辽兵至少十万之众，晋军多少没有记载，但可以肯定的是，辽骑兵数量要远远地超过晋骑兵数量。在冷兵器时代，骑兵的攻击力要远远地大于步兵。从这一点来讲，辽兵胜利似乎已成定局。但战场上还有一个游戏规则，那就是两军相遇勇者胜、置之死地而后生。

辽太宗见晋军阵整齐，数量不少，心里不禁嘀咕起来，杨光远不是说"晋军大半饿死"了吗？怎么还有这么多晋军呢！这无疑是未战先怯，犯了兵家大忌。可双方既然已经摆开了阵势，怎能不战就退呢？于是，辽太宗将辽兵分为左右两路向晋军阵发起了进攻。

石重贵是真正的背水一战，背后就是黄河，过了黄河就是汴京，晋军已经没有了退路，此役失败就意味着国破家亡。因此，晋军从皇帝到将士都抱定誓死一战的决心，见辽兵冲上来，并没有乱了阵脚，而是保持阵形，镇定不动，等辽骑兵冲近后，突然万箭齐发，箭羽遮天蔽日飞向辽兵。

辽骑兵的攻击力毋庸置疑，但辽兵作战有一个特点，就是先试探性进攻，然后再大规模突击，如果先头部队受阻，就退回来再寻找新的进攻点。因此，当前头部队被晋兵箭羽射倒一大片后，辽兵马上后退一步，重新选择进攻方向。就这样两军一攻一守战在一起。

这是一场残酷的拼杀，双方将士死亡不计其数，这是一场比意志力的战斗，双方一直拼杀到黄昏以后。

随着夜幕降临，辽太宗又开始犹豫起来，他显然没有料到晋军会有如此强大的战斗力和意志力，而辽兵久出，粮草不济，且已是疲惫之师，如果再继续打下去的话，恐怕败多胜少。权衡轻重后，最终下令部队撤出战斗，第二天兵分两路返回南京。

4．再伐石晋

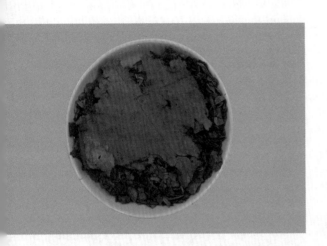

辽太宗第一次伐晋虽然无功而返，但并没有打消伐晋的念头，经过八个月的修整后，仍以赵延寿为先锋，发动了第二次伐晋战争（944 年 12 月）。

赵延寿也仍然在做着中原皇帝梦，比上次伐晋还要卖力，率军一路南下，数日间便杀到邢州（今河北省邢台市）境内。

石重贵虽然击退了辽兵的进攻，但也惊出了一身冷汗，从澶州回到汴京后，就生起病来，并将对辽持强硬态度的景延广贬出朝堂，重新启用亲辽的桑维翰（从中不难看出，石重贵仍怀有与辽和好之意），可身体没等调养好便又接到辽兵南下的消息。石重贵因身体虚弱不能亲自北上御敌，便命张从恩、马全节、安审琦等将领会同诸道兵马前往邢州御敌。但命令发出后，又怕顶不住辽兵的进攻，就又下令晋兵后退一步御敌，晋军就又退到相州（今河北省临漳县），列阵于安阳水南岸阻击辽兵。

辽兵则趁晋军后退之机猛攻，将邢、洺（今河北省邯郸市境内）、磁（今河北省磁县）三州抢掠一空，又攻入邺都（今河北省大名县）

揭契丹
秘辽王朝
JIEMI QIDAN
LIAOWANGCHAO
CHANYUANZHIMENG
澶渊之盟 /52

境内。

晋将皇甫遇和慕容彦超率几千骑兵前往邺都侦察辽兵情况，结果在漳水岸边遇上数万辽兵，双方激战在一起。

这次战斗如同上次澶州城北之战的翻版，所不同的是澶州之战双方的最高指挥官是两国皇帝，是一场兵力相当、有准备的对攻战。而这次战斗双方最高指挥官换成了中下级军官，是一场兵力悬殊的遭遇战。辽兵至少十倍于晋兵，且不断有辽兵赶来加入战斗，晋兵不仅兵力处于绝对劣势，而且是孤军奋战。但是，又应了那句两军相遇勇者胜的话，晋兵豁出性命拼杀，战马死了步战，武器没了肉搏。一句话，只要有一口气在，就拼杀不止。双方从上午一直激战到傍晚。

驻扎于安阳水南岸的晋军在黄昏时才得到皇甫遇等被围的消息，立即派兵前去营救。辽兵以十倍的优势兵力与晋兵激战大半天，却不能战胜晋兵，又见天渐渐黑下来，不禁又产生了畏惧心理。见晋援兵赶来，不敢再战，惊呼着"晋军全都来了"，便撤兵而去。

此时，辽太宗正在邯郸的行营大帐，忽然听到"晋军全都来了"的信息，心里不禁大惊，也没有做进一步的调查，便拔营向北撤去。

晋主将张从恩得到辽兵北撤的消息后，害怕辽兵的强大，没敢率兵追击。但是，副将马全节从辽兵的撤退中看到了机遇，便上书建议皇帝石重贵乘机发兵袭取幽州。

石重贵的病情刚刚好一点，正准备北上御敌，听了马全节的建议后，也来了劲头，北上坐镇澶州，任命杜重威为总指挥，统领诸路兵马北上攻取幽州。

杜重威在定州（今河北省定县）会合诸路兵马后，挥军北上，顺利攻取辽泰州（今河北省清苑县）、满城、遂城（今河北省徐水县）这三座城池。

辽太宗此时已撤至太原北一个名叫虎北口的地方扎下营寨，得到晋兵攻取泰州等地的消息后，立即明白了晋军的意图，心里也不禁大怒，率领大军掉转马头南下，赶赴泰州迎战晋军。

杜重威本是石敬瑭的妹夫、石重贵的姑夫，并没有什么真实的本领，而是靠皇亲国戚的关系才当的官，杜重威一听辽兵又南下而来，吓得不敢迎战，放弃已经获取的泰州等城池，一路向南逃去。

辽兵随后紧追不舍，终于在一个叫白团卫村的地方（今河北省保定市）追上晋军。杜重威一看跑不了，只好命令部队就地取材，安营扎寨自卫。辽兵随即把晋军团团包围起来，天也渐渐暗了下来。

这是辽伐晋以来双方主力部队继澶州之战后第二次交锋，所不同的是辽兵不仅在兵力上占优，而且把晋军包围起来形成围歼之势。不仅如此，老天似乎也在帮辽兵的忙，大风骤起，刮得黄沙蔽天，晋军在营寨内刚刚挖好的水井随即又被沙子埋上，只好用帛布扭绞泥水来取水，人马饥渴难忍，人心浮动。一切似乎都表明晋军这次是在劫难逃。

但是，事实也再次验证"两军相遇勇者胜，置之死地而后生"的战场游戏规则。天亮之后，风越刮越大。辽太宗坐在一辆高大的奚车上，指挥大军开始攻打晋军。由于晋军把围栅做成鹿角状，辽兵战马不能接近，辽兵将士只好下马上前拔掉鹿角，准备冲进营寨，同时顺着风向放火焚烧营寨。

晋军将士们饥渴难忍，身处险境，见辽兵开始进攻，逃生的本能促使他们纷纷站出来要求乘风沙弥漫，辽兵还没有大规模攻进营寨时杀出去。主将杜重威即不敢与辽兵作战，也不知军心可用，竟然安慰说等风小一点观察一下敌情再出击。张彦泽等将领见再等下去，就是等死，不待杜重威下令，便擅自带领部下向外冲去。

晋军见有将领带头，也都拼命向外杀去。晋军这一不要命，辽兵可就受不了。

辽兵的强项本来是马上拼杀，可此时大都在拔鹿角，不在马上，见晋军冲过来，再上马可就来不及了，骑兵变成了步军，强项变成了弱项，辽军自知不是晋军的对手，便纷纷逃命而去。

辽太宗正坐在奚车上指挥人马进攻，没想到战场形势发生突变，见辽兵一窝蜂地向北逃去，形势不可逆转，于是也驾车向北逃去。不过，平时坐车比骑马自在，可要跑起来，坐车就没有骑马快了。辽太宗渐渐地落在了后面，眼瞅着晋军追得越来越近，急得他四处寻看，希望能找到一个逃生的机会。好在天无绝人之路，就在他心急如焚的时候，一峰骆驼出现在他的视野里，他喜出望外，连忙弃车骑到骆驼背上，这才逃回南京（945 年 3 月）。

当然，这还要感谢晋将杜重威。他跟随晋军追击了一阵子辽

兵后，望着辽兵狼狈而逃的场面，仍然心有余悸，面对众将乘胜追击的建议，擦了擦脖子后面的冷汗说道："遇到贼寇，侥幸不死，还要赶上去索要衣服和钱袋吗？"然后命令部队停止追击，退守定州。

5. 辽晋议和

辽太宗逃回南京（今北京市），在心有余悸之余，下令把诸部酋长集中起来，每人打一百杖，以解不救驾之气。但是，他拿诸部酋长出气，有人对他也来了气，这个人就是国母述律平。

述律平自辽太祖朝就不赞成契丹出兵中原获利，如今辽两次伐晋都失败不说，还给大辽国造成了巨大的损失，特别是给辽晋边境地区造成了极大的灾难，从而引起了辽国内贵族们的不满，出现厌战声音。在这种情况下，她自然是不能再坐视不管了，把辽太宗召回上京狠狠地批评了一顿，然后下达了指令，如果晋主动和好，双方就恢复原来的关系。

这一信息立即被晋廷得知，反应最敏感的人便是桑维翰。他在辽第一次伐晋结束后被重新启用，始终主张晋与辽和好，得到述律平欲与晋和好的信息后，更是多次劝说皇帝石重贵主动向辽示好，以恢复双方原来的关系。

石重贵并非想与大辽国决裂，只是一时听信景延广之言，才对大辽国称孙不称臣。当辽兵南下伐晋后，他就有些后悔了，曾多次派人到辽军营请求恢复双方原来的君臣关系，在被辽太宗回绝后，才不得已举兵迎战。如今大辽国有了和好之意，自然也想就此恢复双方的友好关系，过几天太平的日子。于是，就听信桑维翰的建议，派人奉表称臣出使大辽和好。

客观地说，辽太宗出兵伐晋的最初想法，并非想得到中原之地，而是有两个目的：一是以兵让石重贵即称孙亦称臣；二是教训教训以下犯上的石重贵。如今第一个目的虽然达到了，但是第二个目的却是他的一块心病。自己两次出兵伐晋都失败了，这不明显是"皇爷"败给了"皇孙"吗？这口气如何咽得下去啊！可母后已经发话让双方和好，如今石晋果真来示好了，自己怎能违背母后旨意再出兵伐晋呢！于是，辽太宗就想借石晋主动请和的机会，耍一耍"皇爷"的威风。提出了两个和好条件：一是让桑维翰和景延广亲自来大辽讲和；二是把镇、定两道割给大辽国。

辽太宗让桑维翰和景延广亲自来大辽讲和的目的很明显，桑维翰是石晋向辽称孙称臣的功臣，如今再通过他促成辽晋和好，可以进一步树立其在晋廷的权威，只要桑维翰在晋廷有地位说了算，石晋就不会再做出称孙不称臣的事来。景延广则是石晋向辽称孙不称臣的肇事者，来大辽请求称孙称臣，自然就是承认错误，向大辽国低头认罪。另外，辽太宗让景延广来大辽讲和，可能还有另外一层用意，那就是把他或杀掉或囚禁起来。至于割让镇、定两道不过是他耍耍大国威风而已。

但是，辽太宗的心理别人怎么会知道呢？石重贵则就更不用说了，见辽太宗狮子大开口，竟然提出割让镇定两道的条件来，也来了犟劲："你大辽国无和好诚意，我晋朝还不与你谈了呢！"遂与大辽国断绝了关系（945年6月）。

其实，这是辽晋和好的最好机会。大辽国方面，两次伐晋都无功而返，国内出现厌战情绪，国母述律平主张与晋和好，辽太宗纵使不同意，也不能与母后对着干。大晋朝方面，石重贵以胜利者身份主动向大辽国奉表称臣，也满足了大辽国让石晋称孙称臣的条件。只要双方深入接触，也不难和好如初。可世上的事情，

往往就是这样，看似能成的事，就是成不了，大晋朝也就难以逃过亡国的命运了。

6. 三伐石晋

辽太宗没有在战场上打败石重贵，心里总是有些不甘，但碍于母后的压力，才不得不答应与石晋和好。如今石重贵主动与契丹失和，正好给了他再次出兵南伐的借口，于是，决定再次伐晋。不过，他吸取前两次伐晋失败的教训，没有再长驱直入，而是决定把晋军主力吸引到边境地区加以消灭。为此，他做了两项安排：一是让赵延寿和瀛州刺史刘延祚向石晋诈降，引诱晋兵来攻取幽州；二是派特工人员前往晋军策反。辽太宗的安排没有白做，正是这两项安排，最终灭亡了石晋。

赵延寿通过在中原的亲属（民间渠道）向晋廷传达了这样一条信息：自己在辽廷生活了十余年，时刻都在想着回家乡，如果晋廷能够派兵到辽晋边境接应，他就率所辖部队归晋；刘延祚则

通过晋乐寿监军王峦（官方渠道）向晋廷传达了这样一条信息：瀛州（今河北省河间市）城内辽兵不足千人，如果晋廷派兵来攻，自己愿意做内应，以瀛州归附晋廷。

石重贵与辽断绝关系后，并没有发奋图强，更没有对防御辽兵再度南伐做出安排。在他看来，辽兵两次进攻都被自己击败，大辽国并没有什么可怕，特别是与辽断绝关系后，大辽也没有把自己怎么样。于是，石重贵就开始享起福来，大兴土木，搞皇家建筑；搜集珍稀异物，供自己玩乐。皇帝一腐败，臣僚们自然就更不用说，奸佞之流们也都有了用武的市场，主张与辽和好的桑维翰先是靠边站，后来又被贬出朝堂任开封尹（945 年 11 月）。而奸佞之流们的最大本事就是败家亡国，当他们从不同渠道得到赵延寿和刘延祚想归附晋廷的消息后，以为立功的机会到了，便不断撺掇石重贵发兵北伐收复幽州。藩镇将领们也都不甘落后，也想借战争之机发财，屡屡上书建议北伐，杜重威、李守贞之流竟毛遂自荐，愿意出任北伐军正副元帅。

石重贵见朝中大臣及统兵将领都建议北伐，也来了精神，任命杜重威为北伐军元帅，李守贞为监军，统领 20 万大军（几乎倾全国之兵，包括皇帝亲兵在内）开始北伐（946 年 11 月）。

辽太宗要的就是这样的结果，立即在边境地区布下陷阱，准备一举消灭晋军。

晋军一路顺利抵达辽瀛州城下，见城门大开，城内寂静，没敢进城。杜重威派人四下打探得到消息，说辽兵在晋军到达之前才逃出城，刘延祚则不知去向。其实，此时刘延祚诈降已经明了，但杜重威不愿相信这一现实，便派 2000 人马前去追击辽兵，结果遭到伏击，全军覆灭。杜重威这才知道大事不好，命令部队开始南撤。

与此同时，辽太宗发兵从易州直奔定州、镇州，准备截断晋军的退路。杜重威得到这一消息后，吓得不敢退往镇州，就想从贝州撤回，正在行进间，遇到了晋将张彦泽。

张彦泽在辽兵第二次南伐，晋军被包围在白团卫村面临全军覆没的危急时刻，挺身而出，率领所部拼命冲杀，从而击败了辽兵，以功升任彰德节度使。在随后的一年多时间里，他率军在晋辽边境驻防，时不时地与辽兵有些接战，也取得了一些胜利。但是，也正是在这个时间段内，他与辽有了多次接触，得到了不少的好处，也终于被辽人所收买，暗中投降了大辽，并许诺愿为灭晋先锋。他本来率兵镇守镇州，当得知杜重威率部队准备从贝州南退的消息后，便率兵前来与杜重威会合，极力劝说其前往镇州一起抵御辽兵。

杜重威不仅没有什么真实本领，而且也没有什么主见，遂听信张彦泽之言，率军前往镇州，而此时辽兵已经将镇州包围，放火烧毁中渡桥，两军遂隔滹沱河而峙。

就战场形势而言，辽兵前隔滹沱河与晋军主力对峙，后受到镇州城内晋军的威胁，处于腹背受敌的险地。晋军中一些将领自然也都看到了这一对晋军有利的形势，建议杜重威派人与镇州联系，相约前后夹击辽兵。但是，杜重威既不敢与辽兵决战，又听信张彦泽的话，竟然就地扎下营寨，开始吃喝玩乐起来。

对于战场形势，辽太宗心里自然也很清楚，曾一度产生了退兵想法，但见晋军没有马上进攻，而是在滹沱河南岸扎下营寨，有长期对峙之意，便放下心来，开始派兵过河，切断晋军粮道，并渐渐对晋军大营形成包围之势。不过，辽太宗吸取前两次失败的教训，并没有对晋军硬性用兵，而是让张彦泽说服杜重威投降。

杜重威一边吃喝玩乐，一边不断派人向朝廷索要粮饷，就是不思如何破敌，气得一些将领擅自率兵冲过河去与辽兵击战，他也不派兵救援。这还不说，在张彦泽的劝说下，杜重威竟然真的动了投降的心思。为了能够在辽廷得到更大的实惠，派心腹高勋前往辽营商量有关投降事宜。

辽太宗没有想到杜重威会这么快就投降，立即许愿灭亡石晋后，让杜重威当中原皇帝。

杜重威没有想到辽太宗会给自己这么重的奖赏，毫不犹豫地举手投降了。

让我们来看一看杜重威投降的过程吧！

这一天，杜重威设下伏军后，把高级将领们都召集来突然宣布投降大辽，并拿出降表让众将签字。众将没有想到主将会来这一手，面面相觑，但见伏兵在侧，谁也没有说什么就都在降表上签了字。接下来，杜重威又下令部队排列行阵，士兵们都以为要与辽兵交战，高兴地很快就排好了阵形。不料杜重威却下令他们脱下战衣，放下武器。士兵们这才明白是怎么回事，但已经被辽兵重重包围，不投降就只有死路一条，立即哭成了一团。杜重威与李守贞分别做思想工作，无非是说一些现今皇帝昏庸无道，我们换个主人有口饭吃等等。

辽太宗骑在马上远远地看着杜重威说服了将士们，便让赵延寿穿上唐朝皇帝才能穿的赭色龙袍，也给杜重威带了一件同样的龙袍，前去安抚晋降卒。

赵延寿没想到这么快就穿上了龙袍，高兴地前往晋营安慰。

杜重威率20万降卒拜谢赵延寿，然后也穿上龙袍，郑重其事地在降卒们面前走几步。然后，与赵延寿一起率领降卒来到辽太宗马前拜谢。

杜重威率20万大军北伐，结果与辽兵一仗没打就投降了辽，并且速度快得惊人，从抵达辽晋边境到投降不过一个月的时间（946年11月12日晋军抵达瀛州城下，12月10日杜重威与众将在投降书上签字）。

从杜重威投降的过程来看，晋20万大军没有在战场上与辽兵真正交锋，也就是说并不存在战败一说，诸将没有反对就在投降书上签了字，诸将士也没有反抗就放下了武器，这似乎有些不合常理。原因看似也很简单，那就是主将杜重威想借契丹之手，坐上中原龙椅。但是，细细想来，却也不那么简单，这里面有许多很复杂的因素。其中很重要的一个因素就是"华夏民族是一家"的共同民族心理因素。

中国先秦时期形成的"夷夏观"，在秦汉以后逐渐成为一种汉族老大的传统观念。其核心是：汉族老大中原政权正统，即汉族人（主要指黄河中下游地区的汉族人）所建立的政权为正统。受这种传统观念的影响，汉族人以老大自居，而把周边民族视为夷狄等。但是，毋庸置疑，这种"汉族人老大"、"中原政权正统"的传统观念，并不是惟种族血缘而论的，而是以民族文化为主导性的。也就是说，所谓的"夷""夏"之间的差异，主要是指文化方面的差异。正因为如此，匈奴人便是以炎黄子孙自居，屡屡南下与汉朝争夺中原地区，从而迫使汉高祖刘邦用下嫁皇家公主的办法来换取汉人与匈奴人的和平。

这种"政治婚姻"所产生的直接后果，就是在把匈奴单于变成汉朝皇家外甥的同时，促进了民族间的大融合，民族间的文化差异（主要指农耕民族与游牧民族）越来越小，以至于匈奴部族分裂为南、北匈奴之后，南匈奴直接融入中原的汉族之中。西晋（司马炎代曹魏所建）政权更是被内迁的匈奴人刘渊（305年称王）所取代。从此，中国历史便进入了长达近一个半世纪的民族大融合时期，即中国历史上的"五胡十六国"时期。

这一时期，正是中国北方少数民族大放光彩，纷纷南下进入中原，"夷夏"大融合，形成"华夏"一家人时期。

鲜卑人拓跋珪建立北魏政权统一我国北方（439年）不久，便迁都黄河中下游流域的洛阳。中国历史又紧接着进入了另一个长达一个半世纪的南北朝时期。这一时期，是华夏民族大融合的高峰时期。

北魏政权定都洛阳之后，便以行政手段，开始了一系列的汉化改革，最突出的特点就是倡导鲜卑贵族们穿汉族衣服，使用汉族礼仪。皇族拓跋氏，更是身先士卒，把鲜卑拓跋姓氏改为汉族元姓氏，并带头穿汉族衣服，使用汉族人礼节等。在皇帝的身先士卒和命令下，北魏政权迅速汉化，出现了以鲜卑族为主的诸少数民族与汉族通婚的现象。民族间通婚，是民族融合的最有效途径。隋唐王朝的开国者们的身上，就都流淌着"夷"族人的血液。诸如结束我国近四百多年分裂局面（从三国时算起，至隋文帝杨坚统一中原），建立大一统新局面的隋文帝杨坚，是一个地地道道的汉族人，而其岳父独孤信，就是鲜卑化的匈奴人，或许是为了博得岳父的喜爱，杨坚还有一个鲜卑姓普六茹。隋炀帝杨广则是独孤信的外孙，身上流着二分之一"夷人"的血液。建立大唐王朝的唐高祖李渊，亦是独孤信的外孙。开创大唐贞观盛世的唐太宗李世民的外公则是鲜卑人宇文泰。从遗传学角度上来说，李世民身上流着四分之三"胡人"的血液，已经是一个"胡人"了。

　　唐王朝灭亡后（907年），中国历史开始进入五代十国时期，华夏民族也随之进入了又一个新的大融合高峰期。经过秦汉以来的一千多年的民族融合，"汉族老大、中原正统"的"夷夏"传统观念，已经逐渐淡化，华夏一家已经成为共同民族心理。

　　五代的第二个朝代——后唐的建立者李存勖，便是突厥沙陀人，灭亡朱梁（朱温所建的后梁）之后，定都洛阳，以唐朝李氏继承者自居，建国号为唐（史称后唐）。其继任者李嗣源、李从厚都是沙陀人，而后的继任者李从珂，则是李嗣源的养子，为汉族人。由此看来，皇帝是由沙陀人来当，还是由汉族人来当，显得已经不那么重要了，重要的是他们都是华夏大家族的人。五代的第三个朝代后晋，也是沙陀人石敬瑭在契丹人的帮助下建立的。五代中的第四个朝代后汉，由沙陀人刘知远所建，他自认是汉朝皇族刘氏的后代，因此建国号为汉（史称后汉）。

　　五代中有三个朝代即后唐、后晋、后汉是由被中原汉族人称之为"夷"的突厥沙陀人所建。毫无疑问，这些建立中原政权的突厥沙陀人，已经不是原来意义上的突厥人，而是已经与中原的汉族和其他少数民族融为一体。换言之，李存勖、李嗣源也好，石敬瑭、刘知远也罢，他们已经不再是原来"夷狄"意义上的突厥人，而是集中原

文化和游牧文化于一体的华夏民族大家庭中的一分子。正因为此，他们才能够被中原的汉族及周边的其他少数民族所接受，也才能够在中原立住脚，继而建立政权。

在华夏一家的共同民族心理作用下，中原人能够接受突厥沙陀人，为什么就不能接受同为游牧民族的契丹人呢？毋庸置疑，杜重威所统领的二十万晋军，绝大多数人都是中原的汉族人，但也有一部分人是沙陀等少数民族人；而统兵将领们（多为藩镇节度使），有的是汉族人，有的是沙陀人，有的是其他民族的人。在当时的时代背景下，在他们看来，在突厥沙陀人手下当兵和在契丹人手下当兵，又有什么区别呢？当时中原政权的军队里，就有汉族人、沙陀人、吐谷浑人、党项人、契丹人（幽州节度使赵德钧手下就有一支由契丹人组成的骑兵部队，称为契丹直）；在契丹政权的军队里，也有汉族人（如赵延寿的汉军）、沙陀人、吐谷浑人、党项人、契丹人等。特别是契丹获取燕云十六州之后，在辽廷的中央和地方政权机构里面，就有大量的汉人、渤海人、奚人为官，这对中原人来说，无疑具有极大的诱惑力和影响力。

石敬瑭当上儿皇帝后，派冯道出使契丹，辽太宗知道冯道的名声，便想留他在契丹当官，并许愿给予重用。冯道回答说："北

朝（契丹）为父，南朝（石晋）为子，我为臣子，在南朝工作与在北朝工作不是一样吗？"很明显，这是冯道不想在契丹的托词，但从中也反映出一些汉臣们的共同心理，那就是在契丹和石晋朝任职都是在给契丹人干活，区别的只是地域而已。

总之，杜重威投降契丹后，从石晋北伐大辽国的元帅变成了大辽国南伐石晋的先锋，别看他不敢与辽兵作战，可打起自己人来却来了精神，先领着契丹人马来到镇州城下劝降了守将，然后引领辽兵从北到南连劝降带攻打很快来到黄河岸边。

7. 入主汴京

杜重威率 20 万晋军投降后，石晋已经没有兵力抵抗辽兵了，灭亡只是时间问题。因此，辽太宗任命降将张彦泽为先锋，率领 2000 铁骑先行进入汴京打前站。并交给他两项任务：一是安抚晋帝石重贵及诸臣，维护汴京社会秩序；二是通知景延广和桑维翰到辽兵营觐见。然后率领大军与杜重威的 20 万降卒随后跟进。

张彦泽为了讨好新主子比兔子还快，昼夜疾走，很快渡过黄河进入滑州（今河南滑县）。到了这个时候，石重贵才得到杜重威投降的消息，当晚召集大臣们商量对策。有人建议下诏书给太原的刘知远，命其派兵前来勤王，可天还没有亮，张彦泽便率军进入汴京城。

石重贵第一反应便是不要当了大辽国俘虏，于是在宫中生起火来准备自焚，被身边军将抱住才留下了性命。这时，张彦泽派人送来了辽太宗和辽太后述律平的书信，石重贵一看信中多是一些安抚之语，这才稍微安下一些心来，不再寻死觅活了，命人将火扑灭，草拟降表，打开所有城门，准备迎接"皇爷爷"进汴京城。

辽太宗在黄河北岸行帐，接到石重贵的降表和玉玺后，于新年大年初一进入汴京城（947 年），在晋廷百官的簇拥和万岁声中进入皇宫。

五代中的第三个朝代后晋，自契丹立石敬瑭为"儿皇帝"到石重贵被契丹所灭，历 11 年传两帝。真可谓成也契丹，败也契丹也！

辽太宗进入汴京城以后，他以胜利者的姿态，首先对石晋亡国君臣进行了处理和安置。在这里我们有必要介绍一下与石晋息息相关的几位重要人物的命运。

亡国之君石重贵

历来亡国之君的命运都是刀下之鬼，石重贵也许是幸运的一个。他在皇宫中点火自焚被人救下来后，虽然有了生的欲望，但心里却没有底。于是在向辽太宗写降表、献玉玺准备投降的过程中，特意嘱咐写降表的人说，在降表中把当年"皇爷爷"留他镇守太原的事情提一提，如果"皇爷爷"能够想起此事，念及旧情，或许他这个"皇孙"就会保住性命。与此同时，他还多次派人找到张彦泽，想与他见一面，以商量应变对策，没有想到张彦泽连理都没理他。在张彦泽处碰钉子之后，石重贵仍没有灰心，又想起了平时君臣关系不错的李崧，结果李崧也推辞不见。于是又想到了李彦韬，结果李彦韬也没有回音。石重贵这时才有了"落配的凤凰不如鸡"的感觉，只有老老实实地等待"皇爷爷"的处理了。

石重贵得到辽太宗渡过黄河前往汴京城的消息后，向张彦泽请求，准备带领全家人到半途上奉迎。张彦泽派人将石重贵的请求报告给了辽太宗，结果辽太宗没有允许。但是，亡国君臣哪有不出城迎接新主人的道理呢？因此，诸大臣又建议石重贵口衔璧玉，手牵羔羊，大臣们抬着棺木，到郊外迎接辽太宗，并准备了一份迎接典礼程序单，呈给辽太宗审批。

辽太宗看了典礼程序单后批示说："我是派遣奇兵，直接攻下大梁的，不是接受投降的。"自然又没有批准。不过，辽太宗虽然没有批准迎接典礼程序，却也准许晋廷的大臣们出城迎接，并特许穿汉人官服、行汉礼，但石重贵并不在其列。

石重贵见大臣们都出城去迎接新皇帝了，就又请求与家人一起到城门口迎接，辽太宗仍然没有批准。

辽太宗入住皇宫后，也没有接见石重贵，命人将石重贵迁到封禅寺，不时地派人加以安慰。但是，见不到辽太宗，石重贵心里总是没底。每当听到辽太宗派人来的时候，便吓得胆战心惊。看守石重贵的人对这个亡国之君，自然也是冷眼相看，就连老天也下起雪来，以至于石重贵一家老小连吃饭穿衣都成了问题，挨饿受冻，哭声不断。

后晋李老太后（石敬瑭皇后）实在是不忍心看着家人挨饿受冻，便对寺里的和尚说："我曾经在这里施饭给几万名和尚，现在难道没有一个人想起这件事吗？"

和尚们回答说："契丹人的心意难以度测，所以不敢给你们

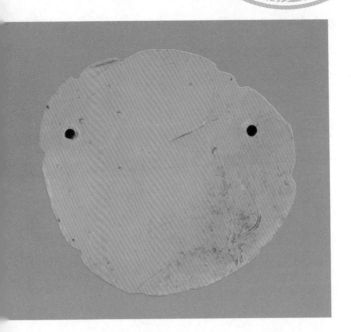

食物吃。"

　　石重贵一家人就这样在封禅寺里煎熬了数日，终于等来了辽太宗的圣旨。

　　辽太宗虽然多次驳回石重贵觐见的请求，却也没有对其下死手，而是给他安排了一个吃饭的地方，封其为负义侯，迁往辽阳府（辽东京）。

　　石重贵与李太后、安太妃、冯后（原为石重贵婶母，后封为皇后）及弟弟石重睿（石敬瑭之子）、儿子石延煦、石延宝（有研究资料认为这二人为石重贵养子）、后宫家眷左右近侍 100 多人北迁。在途中遭受了九难十八苦之后，终于达到辽阳府。可刚到辽阳府，又接到国母述律平的命令迁往怀州（今赤峰市巴林右旗境内，辽太宗头下州）。石重贵只好又从东京辽阳府启程北走。与此同时，辽廷皇位发生更迭。辽太宗病死于回军途中，辽太祖嫡长孙耶律阮军前即位，为辽世宗。

　　辽世宗即位后，命石重贵等继续留居辽阳。石重贵等人此时已离开辽阳府 200 余里，只好又回到辽阳。此后的日子并不好过，一干人等连肚子都吃不饱。

　　关于石重贵一家在辽的情况，是史学界关注的一个话题，众说不一。随着石重贵、石延煦、李太后、安太妃墓志的相继出土，石氏一家在辽的情况也有了一些脉络。

辽太宗大同元年（947年）正月十七日，石重贵一家离开汴梁北迁，大约于当年六、七月间到达辽阳府。辽天禄二年（948年）八月，辽世宗耶律阮到霸州（今辽宁朝阳市）巡游，石重贵得知消息后，让李太后骑马到霸州面见辽世宗，请求在建州（今辽宁朝阳境内）给一块地种，以为家用。辽世宗在建州特批了50顷地赐予石重贵自食其力，并为其建城以居之。辽天禄三年（949年）二月，石氏一家从辽阳迁往建州，处境有所改善。辽穆宗即位后，封石重贵为晋王，赐其居城名为安晋城（又称晋王城）。辽景宗保宁六年（974年）六月十八日，石重贵病逝于安晋城，时年61岁，在辽生活了28年。辽景宗命人按"王者"标准给予安葬。

李太后，后唐明宗李嗣源之女、石敬瑭皇后、石重贵朝为皇太后，于石氏从辽阳迁到建州的第二年，即辽天禄四年（950年）八月十三日病逝，终年55岁。

安太妃，石重贵生母，因石重贵即位后尊石敬瑭皇后李氏（即李太后）为太后，所以她被尊为太妃，辽天禄三年（949年）四月十六日病逝于由辽阳迁往建州途中，终年62岁。

石延煦，石重贵长子（一说为养子），在辽景宗朝累官至辽建州保静军节度使、右骁卫上将军、授推诚奉国功臣、开国侯等。辽圣宗统和五年（987年）正月初八病逝，终年60岁。石延煦在辽有三子、三女、二侄（有可能是石延宝之子），三子中除一子早亡外，其余二子及二侄皆在辽廷为官。其后人在金代仍有迹可寻。

石重贵、石延煦、李太后、安太后墓志相继在辽宁省朝阳市朝阳县乌兰河硕蒙古族乡黄道营子村出土，说明这里是石氏在辽的居地及家族墓地，石重贵的晋王城当在此地或附近。

割让燕云十六州的始作俑者桑维翰

桑维翰是洛阳人，长得面阔、腰长、腿短，自叹为七尺身，一尺面。虽然长得丑陋，可也应了那句"人不可貌相"之俗语，别看其长得像一个大头鬼，却怀有一身才学，于李存勖灭亡朱梁那年（923年）中进士第，几经迁移，当了石敬瑭的掌书记。

李嗣源病逝，石敬瑭因与新皇帝李从珂关系不断激化而有了另起炉灶的想法。当时，在石敬瑭身边聚集着一大批人才，其中也不乏谋臣良将，桑维翰就是其一。正是他建议石敬瑭以称儿、割让燕云十六州为条件结契丹为外援，并亲自起草了有关条款，在成就石敬瑭夺取中原龙椅的同时，也博得了辽太宗的好感。

石敬瑭入主洛阳时，桑维翰被任命为枢密使位居首辅，成为后晋朝廷百官之长。桑维翰也确是宰辅之材，为石敬瑭出了许多好主意，使后晋社会经济等诸方面都较以前有所好转。但是，桑维翰因劝石敬瑭向契丹称儿、割地之故，总是受到后晋朝中一些奸佞之臣的挤兑，日子并不十分好过，曾经几次遭贬，石重贵朝末，再次被贬为开封尹。他见石重贵与契丹决裂，身边又围拢着一帮奸佞之人，听不进忠言，便称病在家，闭门谢客，很少上朝。

辽兵第三次南下伐晋，桑维翰见国家危在旦夕，就坐不住了，跑到皇宫要求觐见石重贵，商量退敌之策。可此时的石重贵正在训练猎鹰，根本没有心思接见桑维翰。桑维翰无奈之下，就找到把权的大臣们陈述自己的建议。但是，皇帝都不理朝政了，大臣们又能如何？桑维翰无奈地摇头叹息道："晋室宗庙，以后不会有人上香了。"

石重贵不理桑维翰，辽太宗却仍然在想着他，命令张彦泽进入汴京城后，通知桑维翰来辽营觐见。

不料，张彦泽害怕桑维翰在辽太宗面前说自己的坏话，竟擅自将其杀死，然后向辽太宗谎报说是自杀。辽太宗下令厚葬了桑维翰。

传说桑维翰在夜间被缢杀时，两只眼睛怒视前方，连呼三口气，每呼一口气，嘴里都冒出火焰，闪闪发光，三口火焰熄灭后，才慢慢闭上眼睛。

桑维翰可谓是与石晋同生同死。

后晋灭亡的导火索景延广

景延广是陕州（今河南陕县）人，传说其少时曾在洞庭湖坐船游玩，突然风起，帆破舵折，正在危急时刻，船工突然指着湖水说："看，有圣人保护，你（景延广）将来必有富贵。"果然，时间不长，就风平浪静了。这个传说显然是在说景延广官至将相之兆，但也只说对了一半。因为他虽然官至将相了，却没有"风平浪静"，反而导致了国家的灭亡，自己也自杀身亡。

景延广拥立石重贵继承皇位后，以拥立之功，开始专擅朝政，力排众议，主张对契丹称孙不称臣，从而挑起契丹与后晋的战争。

辽兵第一次南伐时，景延广担任后晋战时最高军事指挥官。可他一旦军权在手，从皇帝到大臣，再到领兵的大将，就都不放在眼里了，我行我素，谁得意见也听不进去。

通过战争情况来看，景延广既非帅才，也非将才。面对契丹三路大军的进攻，他僵死地命令晋军就地居守，不得相互支援。就是晋军主将高行周被辽兵重重包围面临绝境几次求援，他也不准兵将去救。最后还是石重贵亲自出马，才救出高行周。辽兵溃败之后，景延广竟怀疑这是契丹人的诈局，仍然静守营垒，不敢追击，从而失去了杀敌良机。

契丹第一次伐晋战争结束后，景延广的威信一落千丈，成为众矢之的。百姓骂他不积极抗敌。朝中大臣们骂他只会在嘴上挑逗契丹，而契丹人来了，却胆小如鼠。桑维翰更是站出来弹劾他不救高行周之罪，就连皇帝石重贵也认为他桀骜不训，不好控制。

于是，就把他调出朝廷，任西京（洛阳）留守。

景延广也被辽兵的气势吓破了胆，被贬出朝堂后，脖颈后面还在冒冷汗，开始担心国破身亡的危险，一天到晚纵情喝酒。不幸的是，景延广的担心，不久就变成了现实。

辽太宗始终对景延广耿耿于怀，在进入汴京城之前，就派人四处捉拿景延广。景延广得知辽兵攻下汴京的消息后，就吓得要死，又听说辽太宗下令捉拿自己，更是吓得到处躲藏。可天下已经成了契丹人的天下，往哪里藏啊？想来想去，也无处可藏，最后只好到辽太宗面前自首。

辽太宗见到景延广气就不打一处来，责问道："辽晋两国断绝友好关系，全是你一人干出来的，你所说得'十万横磨剑'，如今在哪里呢？"

景延广此时哪里还硬的起来？但是，硬不起来，也不能承认啊！一旦承认说过那样的话，那脑袋可就不保了啊！于是就要起赖来，矢口否认自己曾经说过那样的话。

辽太宗见景延广耍赖，就把乔荣叫来，让他俩当面对质。

乔荣把当年景延广所说的话又说了一遍，景延广还是死不承认。于是，乔荣就把景延广当年所写的记录拿了出来，一共十一条。

景延广见人证物证俱全，就将脸伏在地上，承认死罪。

辽太宗愤怒地说道："罪应伏诛，先押往上京等候处置。"

景延广自知不能活命，于是在迁往辽上京途中，自杀身亡。

为契丹人打开汴京城门的张彦泽

张彦泽也是突厥沙陀人，在抗击辽兵第一次、第二次南伐战争中都立有战功，被提升为彰德军节度使，驻守晋辽边境。不过，在晋与辽议和期间，他与辽方暗中接触，接受好处，被辽人策反，秘密地投降了契丹，并向契丹人许诺愿为灭晋先锋。他在说服杜重威率领20万晋军投降契丹后，被辽太宗任命为先锋官，率2000人马前去攻取汴京。

张彦泽受命之后，比兔子还快，当晚就杀到黄河边，天还没亮，就攻入（只是遇到了少许晋兵的抵抗）汴京城。随之露出刽子手的狰狞面目，开始大肆抢劫和屠杀起来。先是抢劫皇宫、凌辱皇帝、霸占皇妃，接着纵兵大杀大抢大烧汴京城。也不知他从哪里弄来一面旗帜，上面写了"赤心为主"四个大字，命人扛着在汴京城里横冲直撞，见着好东西就抢，抓到所谓的罪人也不问青红皂白，举起手来做一个杀头的动作，便就地斩首，致使汴京城中火光冲天，尸体满街，哭声不断。与此同时，他借机公报私仇，不但擅自诛杀了桑维翰，而且对原来的仇人大加报复。

张彦泽与后晋合门使高勋有过节，当时高勋与杜重威一起投降辽兵，与辽太宗在一起，不在汴京城中。张彦泽借着酒劲来到

高勋的家中，把高勋的叔叔和弟弟都杀了，并暴尸街头。

张彦泽的所作所为，可谓是罪恶滔天，罄竹难书。

辽太宗刚刚进入汴梁城，就有许多人控告张彦泽的罪行，这其中就包括高勋。

高勋，就是辽世宗、辽穆宗、辽景宗三朝赫赫有名的汉族官僚，也是继赵延寿之后，在辽廷官职最高、权势最大的汉族知识分子。高勋的父亲曾被晋廷封为北平王，但高勋本

人只在晋廷担任合门使，只是一个无名小吏，没有什么太大的名声。不过，高勋与杜重威的关系不错，杜重威在中渡桥投降辽兵时，就是派高勋到辽营向辽太宗递的降表。高勋很会为人处事，只这一面便博得了辽太宗的喜欢，便留在身边。高勋进入汴京后，得知自己的叔父和弟弟们被张彦泽杀害，并暴尸街头，恨得咬牙切齿，遂向辽太宗控告张彦泽杀害自己家人的经过，并请求为自己家人报仇。

辽太宗命张彦泽先行进入汴京时，曾向他交代了两项任务，一是安抚皇帝石重贵及家人；二是召桑维翰和景延广到辽营觐见。没想到张彦泽进入汴京后，把自己的话当成了耳边风，烧杀抢掠，无恶不作，给契丹造成了极大的负面影响。这还不说，更可恶的是，自己并没有杀死桑维翰的意思，而张彦泽竟然擅自将桑维翰杀死。因此，辽太宗对张彦泽的行为也很愤恨，听了高勋的控告后，遂

下令将张彦泽锁了起来。

这时，汴京城中的百姓也纷纷递上状纸，要求清算张彦泽的罪行。

辽太宗为了安抚汴京城的百姓，也为了惩治张彦泽这种胡作非为、民愤极大的官吏，在进入汴京城的第三天，便下令将张彦泽及与其一起进入汴京城的辽将处死，并让高勋为监斩官。

张彦泽在被押往刑场的途中，汴京城百姓围观而随其行，一边骂，一边用杖击打。高勋对张彦泽更是恨之入骨，命剑子手先砍断张彦泽的手腕，又剖开其胸膛，将心脏掏出来。百姓们仍不觉解恨，又争着抢着击碎张彦泽的脑袋，挖出脑髓，并且把其尸体切成肉块，吃到嘴里。

张彦泽就这样被汴京城百姓活活吃了。

后晋宰辅冯道

在众多的晋臣中，冯道的命运是最特殊的一个。冯道与景延广拥立石重贵继承后晋皇位后，并没有得到重用，而是被贬为同州节度使。他听说辽太宗灭亡后晋进入汴京后，便日夜兼程，入汴觐见辽太宗。

但是，此时的辽太宗对冯道已经不感兴趣，见面后第一句话就问道："你先事燕，又事唐，再事晋，这是为何？"

冯道没想到辽太宗会劈头问这样的话，愣在那里不知该如何回答。

辽太宗见冯道没有回答，就接着问道："你为什么来朝？"

冯道："既无城又无兵，哪里敢不来呢？"

辽太宗又问道："你是一个什么样的老头子？"

冯道恭恭敬敬地答道："我是一个无才无德痴笨愚顽的老头子。"

听了冯道的话，辽太宗没有再接着往下问，为了笼络人心，还是给了他一个太傅之位。

冯道后随辽太宗北返，辽太宗突然病死，辽世宗即位皇帝后，率兵北上与祖母述律平争夺皇位，冯道与李崧等一些原晋朝文武官员滞留于中京镇州（今河北省正定县）。

辽世宗将祖母述律平和三叔李胡囚于祖州后，在安葬辽太宗时，命滞留在镇州的原晋朝文武官员北上，参加辽太宗葬礼，冯道借机南逃投奔了刘知远。

刘知远感激冯道的忠心，拜其为守太师。在此期间，冯道曾作《长乐老自叙》诗，叙述自己的人生之路及为官之道。

刘知远病逝时，想立侄儿刘赟（即刘崇之子，时为晋徐州节度使）为帝，命冯道前去徐州迎接。但是，冯道没等回到汴京，郭威便代后汉建后周，坐上了中原龙椅。当时，跟随刘赟一起赶往汴京的人认为是冯道玩的把戏，就想杀了冯道。冯道临危不惧，泰然自若，终脱身而回。

郭威念冯道之才，不久便拜其为太师、中书令，国家大事多征求其意见。

郭威病逝，柴荣即位，冯道因阻止柴荣亲自北征，而被罢相。不久病逝，年七十三。

冯道在微时曾作诗："莫为危时便怆神，前程往往有期因，终闻海岳归明主，未省乾坤陷吉人。道德几时曾去世，舟车何处不通津，但教方寸无诸恶，虎狼丛中也立身。"表达了自己对仕途的看法及为官之道。

实践证明，冯道确实很会为官，一生历五代中的四个朝代，即后唐、后晋、后汉、后周，事十君，三为中书，在相位二十余年，被称之为政坛"不倒翁""长青树"。

　　五代是中国封建社会最乱的时期之一，冯道能在这样的乱世，立足政坛而不倒，确实做到了"虎狼丛中也立身"，称其为政坛"不倒翁""长青树"，实不为过。

　　亡国宰臣赵莹、冯玉、李崧

　　在石重贵成为亡国之君的同时，他的三个宰相赵莹、冯玉、李崧也随其主子一起成为阶下囚，但命运却有所不同。

　　赵莹，华阴人，仪表俊美，性格严谨，为人正直。李嗣源当上皇帝后，赵莹隶于石敬瑭门下，随其迁移，逐渐被石敬瑭所倚重。石敬瑭在太原起兵，就是派赵莹拿着桑维翰主笔的称儿、割让燕云十六州的信件到契丹结援。石敬瑭入主汴京坐上中原龙椅后，又派赵莹出使契丹向辽太宗递上了燕云十六州地图，回来后即被任命为后晋的吏部尚书，倚为谋臣。石重贵即位皇帝后，赵莹被拜为守中书令，位居宰辅，但第二年又被贬出朝堂，任开封尹。辽兵第二次南下伐晋失败后，石重贵觉得契丹并不可怕，遂把朝中大权都交给了大舅哥冯玉（即冯皇后之兄），开始享乐。冯玉觉得赵莹比桑维翰好摆弄，为了随心所欲的专擅朝政，便将时任枢密使的桑维翰贬为开封尹，而把时任开封尹的赵莹调回朝堂出

任中书令（945年）。赵莹虽然重新回到宰辅位置，但是却说了不算，朝政遂被冯玉等人专擅。不久，辽兵第三次南下伐晋，冯玉等人又举荐杜重威为晋军总指挥，北上抵御辽兵。赵莹知杜重威不可用，曾加以劝谏，但石重贵不听，把晋朝的全部兵马都交给了杜重威，结果正如赵莹所言，直接导致了晋朝的灭亡。赵莹在石晋灭亡后陪伴石重贵一起北迁到契丹东京辽阳，辽世宗耶律阮即位后，任其为太子太保，开始在辽廷为官。辽世宗耶律阮被弑的前三个月（951年5月），赵莹病逝于辽南京（今北京），终年67岁，归葬于汴京。

冯玉，定州人，原在晋廷中任小吏，石重贵即位后纳其妹妹冯氏（即石敬瑭的弟媳，石重贵的婶娘）为皇后，冯玉由此开始飞黄腾达，一跃而成为晋廷的实权人物。冯玉本为奸佞之人，一旦得势，便开始排斥异己，朋党营私。将桑维翰排斥出朝堂之后，更是为所欲为，一手遮天了。冯玉推举杜重威为晋军总指挥，直接导致石晋灭亡。在辽兵进入汴京城后，冯玉充分显示出了奴相，拼命奉承先行进入汴京的张彦泽，乞求由他向辽太宗进献传国玉玺，以便博得大辽国皇帝的好感，继续在辽廷为官。当然，这样乞求是没有用的，因为张彦泽也正想尽办法在契丹主子面前表现自己，岂容他人显功？冯玉靠不了前，只好陪着妹夫石重贵北迁到契丹东京辽阳，后与赵莹一起，被辽世宗任命为太子少保，比赵莹晚一年死于契丹。

李崧，深州人，自小聪明，10余岁便会写文章，不到20岁，便进入朝廷，后隶于李存勖之子李继岌门下。李嗣源即位皇帝后，李崧与冯道同为首任端明殿学士，为李嗣源处理奏章。石敬瑭在太原起兵前，李崧就已经预料到石敬瑭会结契丹为外援，曾建议李从珂先行一步结契丹为外援以断石敬瑭后路，但李从珂没有采纳，从而被石敬瑭打败。石敬瑭入主洛阳后，李崧吓得跑到百姓家里躲起来，石敬瑭并没有计较李崧，任命其为户部侍郎、中书侍郎、同平章事，与桑维翰同掌枢密院位居宰辅。石重贵即位后，李崧仍为宰辅，但他已经意识到晋廷日薄西山，来日无多，便与冯玉等奸佞之人附和在一起，以图平安。不过，李崧在后晋一朝任宰辅，并没有干什么坏事，其人品和才干得到辽太宗的赏识和肯定。辽太宗入主汴京后曾说："吾破南朝得崧一人而已。"遂任命李崧为太子太师、枢密使。李崧后随辽太宗一起北返，滞留于镇州（今河北省正定县），后与冯道一起南逃投奔了刘知远，被授予太子太傅之职，第二年（948年）被后汉权臣苏逢吉所杀。

03

ZU SUN ZHENG QUAN

第三章

祖孙争权

夏四月丁丑，太宗崩于滦城。戊寅，梓宫次镇阳，即皇帝位于枢前。甲申，次定州，命天德、朔古、解里等护梓宫先赴上京。太后闻帝即位，遣太弟李胡率兵拒之。

《辽史》

1. 客死他乡

辽太宗曾将中原皇位许愿给两个人，一个赵延寿，一个杜重威，如今皇位空了出来，谁来当这个皇帝呢？其实答案早就有了。

辽会同十年（947年）二月初一，辽太宗穿戴着中原皇帝的衣冠，把蕃汉（原晋廷百官）臣僚召集到一起对他们说："中原的习俗与我大辽不同，我想选一个人来做君主，你们觉得怎么样？"臣僚们自然都很知趣，况且此时不显功，还等待何时？于是异口同声："天上没有两个太阳，不论是胡人还是汉人，都希望推举皇帝、拥戴皇帝。"

辽太宗要的就是这样的结果。于是，他在蕃汉臣僚们的万岁声中坐上中原龙椅。接着将后晋国号改为大辽，改元大同，撤销汴梁东京建置，降为开封府，把镇州（今河北省正定县）升为中京，任命了有关蕃汉官员，当起了中原皇帝。

应该说这是契丹统一南北入主中原的绝好时机。但是，辽太宗并没有抓住这个机会，而是在汴梁城里待了77天，坐了47天的中原龙椅，便不得不又放弃了中原。

客观地说，辽太宗用了三年时间（943年12月至946年12月）三伐石晋，终于灭亡石晋政权，坐到中原龙椅上。对于这样的一个结果，是包括述律平和辽太宗在内的一些契丹统治者们事先所没有预料到的。

就当时的形势而言，契丹统治者们并没有取后晋而代之的想法，出兵南下伐晋的目的，不过就是想教训教训不称臣的"皇孙"石重贵而已。因此，当契丹第二次伐晋失败后，述律平便命令辽太宗与石晋议和，只要石晋政权称孙也称臣，双方便恢复原来的关系。当契丹第三次出兵伐晋时，述律平更是嘱咐辽太宗说："后晋没有索要和攻打燕云十六州，只是因为景延广一句忤逆的话，你就出兵攻打后晋，这是出师无名。只要石重贵服软了，你就罢手，千万不要在中原称帝，否则后悔都来不及呀！"

从述律平的这番话中不难看出，契丹统治者们并没有取石晋

政权而代之的想法，也没有入主中原一统南北的打算。

就辽太宗而言，开始挥兵南下攻打石晋的目的，也不过是一时恼怒而想教训教训以小犯大的石重贵。只是在伐晋的过程，看到石晋君臣如此软弱无能，后晋军队全部投降契丹，才一时兴起，自己坐上中原龙椅，当起了中原皇帝。

辽太宗进入汴京城后，在晋皇宫接受百官跪拜时，对身边的侍臣说："汉家仪物，其盛如此，我得于此殿坐，岂非真天子邪？"由此可见，辽太宗对称帝中原并没有心理准备，即便是已经坐到了中原龙椅上，还在怀疑这不是真的。

总之，辽太宗出兵伐晋时，并没有取后晋而代之的想法，也没有当中原皇帝的心理准备。只是在石晋君臣的"感化"下，一时忘乎所以，才临时决定当中原皇帝的，这样的皇帝自然也是当不长的。

辽太宗入主汴京后，便以为大功告成，整日里花天酒地，开始享受起来。不仅如此，他在进入汴京后便做了三件连后悔都没来得及的错事。一是下令犒赏契丹三军。石晋刚刚灭亡，且经过几年与辽的战争早已是府库空空，根本没有财物犒赏契丹人马，官吏如实上报，并建议取消这一命令。但辽太宗不管这些，要求官吏去想办法，否则军法从事。官吏们无法，只好以"借贷"的名义向汴京附近大户和百姓征收钱帛，从原晋廷宰相到将军无一例外，同时派人到各地去征敛钱财，不给就严刑酷逼。

二是放纵辽兵抢掠。朝廷"借贷"上来的钱财，并没有发放到军队手中，而是全部归入府库，准备送回北方。辽兵不仅没有得到犒赏，就连基本的军需也没有保障。统兵将领要军饷，辽太宗于是下令"打谷草"。辽兵军需供给与中原军队不同，每当出征时，士兵自备些许粮草，粮草食尽，则就地或沿途放牧、射猎自行解决，称为"打谷草"。可中原与草原不同，没有放牧草场，也没有猎物可猎，十几万辽兵于是冲向平常百姓家中，烧杀奸淫抢掠无恶不作，汴京城方圆几百里内被搜刮的干干净净。

三是任用契丹人管理中原事务。本来对于蕃汉民族的管理，辽太祖朝就已经制定了一套被实践证明是行之有效的管理方式即因俗而治。这一管理方式也被契丹统治者们确立为国策，辽太宗在管理渤海民族及燕云地区的汉人时，不仅很好地落实了这一国策，而且还有所发挥和完善，因此才很好地将渤海民族及燕云地区的汉人统治在契丹政权之下。但是，他灭亡后晋进入汴京城后，或许是被胜利冲昏了头脑，把这一国策抛在了一边，将已经投降契丹的原后晋各藩镇节度使留在汴京，任命契丹人（包括生活于契丹的汉人）去管理各地。当时有看清形势的人，劝辽太宗用汉人来管理中原，以防激起民变，可辽太宗正在兴头上根本听不进这些意见。可想而知，契丹人不仅不懂中原规矩，而且到了各地后根本不管百姓死活，吃喝玩乐，疯狂敛财。

如果说政府以"借贷"名义"明拿"，百姓还可以忍一时，辽兵"打谷草""明抢"，百姓也可以再让一步。那么，派到各地为官的契丹人不管百姓死活，疯狂敛财，百姓们可就受不了了。这些人可是百姓的父母官，长此以往，百姓如何生活、如何生存呀？

辽太宗也发现了这些问题，准备把留在汴京的原后晋诸藩镇节度使放回去维持治安。但为时已晚，各地反辽浪潮风起云涌，盘踞太原的刘知远更是趁机建国称帝。

刘知远也是沙陀人，894 年出生于太原，是石敬瑭的得力佐臂。当年石敬瑭受到李从珂猜忌时，正是刘知远与桑维翰建议石敬瑭结契丹为外援夺取中原帝位。不过刘知远还算是有点远见，认为向契丹称臣、送些贵重礼品，就足以获得契丹援兵，没有必要称儿割地，向契丹称儿割地太过分，会贻害无穷，只可惜石敬瑭没有采纳这一建议，最终还是当了"儿皇帝"。

如同当年的石敬瑭一样，刘知远在石敬瑭当上中原皇帝后，几经升迁，最终也担任了后晋河东节度使，镇守太原，开始做大。

石敬瑭病死时曾遗命让刘知远入朝辅政，景延广为独揽朝政把此遗诏压下不发，刘知远从此与石重贵有了隔阂，也有了异心。石重贵对契丹只称孙不称臣，刘知远心里很清楚，这是石重贵在玩火，但他并没有劝谏，而是暗中观察，坐观时局。

辽兵三次伐晋，河北大地成为战乱之区，河东地区却很太平，没有遭受到兵燹之苦。不仅如此，期间刘知远不仅不听从石重贵出兵抗辽的命令，而且还借机收拢从战场溃败下来的晋军，充实部队，积累资本，为日后局变做准备。

辽太宗灭亡石晋入主汴京后，下令各藩镇节度使入汴京觐见，绝大多数藩镇节度使都接旨跑步入汴。刘知远没有入汴，在加强河东防务的同时，只是派信使入汴向辽太宗表示祝贺，承诺安排好河东事务便入汴觐见。

辽太宗见刘知远没有入汴，只是派信使来觐见，心里自然是有些不高兴，但为了笼络刘知远，特意给他发了一纸诏书加以褒扬，并在诏书刘知远名字前亲自书写上一个"儿"字，同时赐予其拐杖。

辽太宗在诏书上称刘知远为"儿"，并非是将其辈分降低一辈，而是依据游牧民族"结义"之俗，示刘知远为"义子"，以拉近双方的关系。辽太宗赐予刘知远拐杖，自然也有特殊的意义。契丹皇帝赐予大臣拐杖为贵礼，一般只赐予勋戚大臣，以示恩宠，辽太宗此举显然也是表明他对刘知远较其他藩镇节度使要高看一眼。

　　不过，刘知远对辽太宗称自己为"儿"及赐予拐杖根本不感兴趣，他派信使入汴的真实意图是想探寻辽太宗入汴后的下一步打算。当他得知辽太宗入汴后的所作所为后，心里暗自高兴，认为契丹在中原的日子不会太长久。为了进一步打探辽太宗下一步打算，他又派信使入汴，给辽太宗送去了大量的贵重礼品。

辽太宗自然清楚刘知远的用意，不禁恼怒，让信使回去对刘知远说："你不服从石晋，又不服从大辽，想干什么？"

信使回到太原后，刘知远召集幕僚商讨应对事宜。有人提议立即起兵南下攻打汴京，以夺取中原皇位。刘知远认为时机尚不成熟，仍然按兵不动，想等辽兵北撤后再进入汴京抢夺龙椅。不久，辽太宗在汴京即位中原皇帝，大有长期占据中原之意。

刘知远得到消息后，在太原城里坐不住了，半个月后也在太

原称帝（947年农历2月15日），仍然沿用石晋国号和年号，公开与辽对抗。刘知远在太原称帝如一粒火种，立即引燃了各地反辽之火，纷纷起来反辽。

这下轮到辽太宗在汴京城内坐不住了，如果刘知远

出兵截断辽兵归路，自己想全身而退就困难了。于是，将汴京交给自己的小舅子萧翰镇守，率领一些文武百官开始北返，不料走到滦城时突然病逝（947年4月）。

时值天气炎热，臣僚们为防止辽太宗尸体腐败，采取契丹人夏季贮肉的办法，将他的肚子掏空填满食盐腌成"羓人"，才将尸体保存下来运回北方。五个月后葬于辽怀陵（今赤峰市巴林右旗境内），庙号太宗。

2. 叔侄都想当皇帝

　　如同当年辽太祖东征渤海国病逝于回军途中一样（926年），辽太宗南伐石晋病逝于回军途中，也使得契丹辽王朝皇位继承出现复杂化。这显然是20年前述律平废长而立次所留下的后遗症。

　　辽太宗在世时虽然没有明确下诏指定三弟耶律李胡为皇位继承人，但他册封李胡为皇太弟，其实就是在向人表明李胡为事实上的皇位接班人。不过，由于述律平在辽太祖病逝后废掉皇位法定继承人太子耶律倍，而立次子耶律德光继承了皇位，从而打破了正常的皇位传承秩序，使契丹辽王朝皇位继承出现复杂化。一方面辽太祖子孙都有继承皇位的资格；一方面述律平对皇位继承人有决定权，此外新皇帝要由诸部酋长及大臣来推选，也就是说，皇位法定继承人不一定就能够继承皇位，最终谁能继承皇位，不仅述律平说了算，而且还要通过诸部酋长和大臣们这一关。

　　从中不难看出，契丹新皇帝的产生既有中原皇权世袭制的内容，即新皇帝要从辽太祖子孙中产生，也有契丹原始的部落联盟首领推举制的内容，即新皇帝要由诸部酋长（包括诸大臣）推举产生。其核心内容有两点，一是述律平提出新皇帝候选人；二是新皇帝通过诸部酋长选举才合法。进一步来说，在新皇帝为辽太祖子孙的前提下，述律平与诸部酋长共同决定新皇帝人选，双方缺一不可。

　　当然，辽太祖子孙众多，并不是随便出来一个就能当皇帝的，也是要受到诸多因素限制的。辽太宗病逝时，辽太祖诸多子孙中，考虑嫡长、嫡庶、年龄、能力等诸多因素，有实力竞争皇位的也只有三人，分别是辽太祖三子耶律李胡、耶律倍长子耶律阮、辽太宗嫡长子耶律璟。这三人也是当时有皇位继承权的辽太祖与述律平所生三子三家支中的代表人物。

李胡，《辽史》有传，本传对其贬多褒少，说其性格暴虐，经常因为一点小事便在人脸上刺字或将人投入水火中。其实，这些记载有夸大李胡缺点之处。述律平是卓有建树的政治家，如果李胡是一个扶不起来的阿斗，她是不可能因为溺爱幼子便将其立为皇位继承人的。

综合有关史籍记载来看，李胡豪爽有智谋且擅长骑射，因而得到辽太祖及述律平的钟爱。他在辽太祖东征渤海国时只有13岁（925年），就已经随军出征，攻城拔寨，崭露头角，被时人称为自在太子。

不过，这里的太子并非皇储之意，而是对皇帝子嗣的尊称。如辽太祖长子耶律倍称皇太子，次子耶律德光称元帅太子，李胡称自在太子。这兄弟三人当时均被称为太子，其中只有皇太子是皇诸，其他太子只是皇帝子嗣的尊称，有时亦称为王子。金、元两代亦有称皇储为皇太子，皇帝其他子嗣为太子之习俗。

辽太祖病逝扶余府，东丹王耶律倍赶赴行在奔丧，李胡奉母后述律平之命与五叔安端（辽太祖五弟）主政东丹国。辽太宗即位后，耶律倍返回东丹国主政，李胡回到皇都，曾多次率军平定党项诸部叛乱，立有战功。

辽天显五年（930年），即辽太宗即位的第四年，李胡被册封为寿昌皇太弟，兼天下兵马大元帅，成为事实上的皇位接班人。

李胡以皇太弟身份成为事实上的皇储，显然是述律平的意思。此后，李胡便很少率军出征，而是跟随在母后身边，以皇储身份留守上京大本营，时刻准备着继承皇兄辽太宗的皇位。

耶律阮，讳阮，小字兀欲，东丹国王耶律倍长子、辽太祖长孙，出生于辽神册三年（918年），时父亲耶律倍已经被册立为皇太子，是皇位法定继承人，如果不出意外的话，耶律倍继承皇位，耶律阮则是下一任皇帝的第一顺位继承人，即契丹大辽王朝第三任皇帝候选人。但是，这一切都随着述律平废长立次发生了改变。

辽太宗即位后，只有8岁的耶律阮自然也受父亲牵连迁到东丹国新首都辽阳居住，在远离上京皇都的同时，也远离了皇权。

辽天显五年（930年），李胡被册封为皇太弟，兼天下兵马大元帅，成为事实上的皇位接班人，耶律倍彻底失去了当皇帝的机会，在辽太宗的打压下浮海避居后唐。只有12岁的耶律阮由此失去了父爱，与母亲生活在辽阳。随着年龄的增长，耶律阮知道了父亲失去皇位及避居后唐的来龙去脉，心里自然也惦记着那把本应属于自己的龙椅。

辽天显十一年（936年），耶律倍被后唐末帝李从珂所杀，辽太宗彻底解除了来自皇兄的威胁，对耶律阮也开始关心起来，甚至在某些场合公开表示自己百年之后，将皇位传给侄子耶律阮。

辽太宗有这样的想法，有可能是出于以下几方面的考虑：一是对母后述律平立三弟李胡为皇储心里不满，在他看来，与其将皇位传给三弟李胡，不如传给侄子耶律阮；二是在试探侄子耶律阮是否有当皇帝的野心；三是对自己逼走皇兄耶律倍致其客死他乡心里愧疚而良心发现，或酒后失言，或真心想将皇位传给侄子耶律阮，即将皇位还给皇兄一支人。

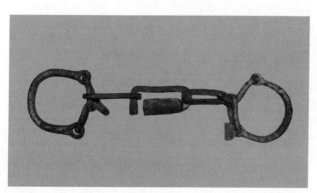

不管辽太宗出于何种考虑，君无戏言却是硬道理。这样的话从皇帝口出，立即产生化学反应。一是耶律阮

由原来心里惦记龙椅，开始想要得到龙椅了；二是当年因拥立太子耶律倍而被述律平诛杀的大臣们的子孙们看到了报仇的希望，开始暗中助力耶律阮夺取皇位，以打击述律平。也就是说，耶律阮心里始终在想着龙椅，被述律平诛杀的大臣们的子孙们也在想着为祖父辈报仇，辽太宗的话使双方走到了一起，进而增添了耶律阮夺取皇位的信心和力量。

耶律璟，辽太宗嫡长子，出生于辽天显六年（931 年）。按照皇位父子相传的世袭原则，他是辽太宗之后皇位第一顺位继承人，但是，由于三叔李胡在他出生的前一年便被册封为皇太弟，成为事实上的皇储，加之辽太宗非常孝顺，非常听母后述律平的话，因此耶律璟虽为辽太宗嫡长子，却没有被确立为皇位法定继承人，从法律上失去了继承父亲皇位的机会。不过，耶律璟虽然从法律上失去了继承父亲皇位的机会，却并没有失去皇嫡

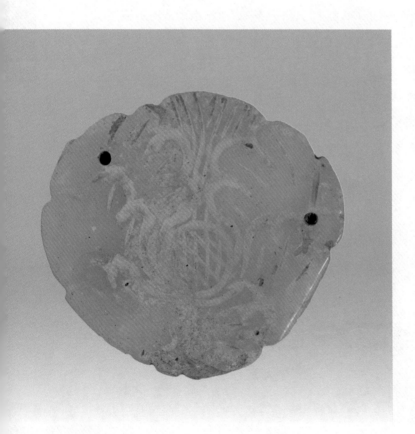

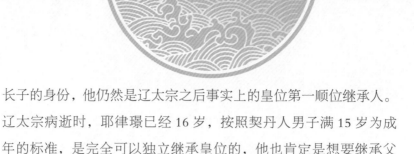

长子的身份，他仍然是辽太宗之后事实上的皇位第一顺位继承人。辽太宗病逝时，耶律璟已经 16 岁，按照契丹人男子满 15 岁为成年的标准，是完全可以独立继承皇位的，他也肯定是想要继承父亲皇位的。

通过以上三人的简历不难看出，李胡是事实上的皇位接班人；耶律阮想争夺皇权；耶律璟是皇位第一顺位继承人。很显然，以上三人只能有一人继承皇位，由此注定辽廷又将上演一场政治博弈。

3. 拘捕赵延寿

述律平废长立次及选择三子李胡为皇位接班人，造成了这样一种事实，即辽太祖三子中，长子耶律倍家支被述律平剥夺了皇位继承权，次子辽太宗及三子李胡两家支都有继承皇位的机会。也就是说，李胡和耶律璟谁能继承皇位，述律平就可以说了算。耶律阮要想当上皇帝，只有靠自己努力。

当时对新皇帝候选人有决定权的双方，即述律平和诸部酋长并不在一起，述律平与李胡、耶律璟三人在辽上京，诸部酋长与耶律阮在中原军队中。由此又造成了这样的现实，李胡和耶律璟谁能当皇帝，述律平要等诸部酋长回到辽上京商量后才有结果；耶律阮要想夺取皇位，必须在诸部酋长回到辽上京前出手。

俗话说，机遇是留给有准备的人的。李胡和耶律璟在辽上京坐等皇位自然就处于被动地位，而耶律阮主动出手，由此占得先机。

耶律阮并没有参加前两次伐晋战争，只是率领本部人马参加了第三次伐晋战争（946 年），进入汴京后被封为永康王，并娶了萧阿古只的女儿撒葛只为妃。这个王爵和妃子虽然来得晚了点，但却正是时候。

萧阿古只是述律平胞弟，也是辽太祖21位开国功臣之一，被喻为"耳"（详见前文），其家支被列为二国舅帐少父房（详见后文），是终辽一世辽廷权力博弈中一支举足轻重的政治势力。耶律阮娶这个家族中的撒葛只为妃，自然而然地为夺取皇位增加了砝码。

辽太宗病逝镇州（今河北省正定县）城外时，辽太祖子孙在军中者不在少数，但从嫡庶、年龄及王爵上来讲，耶律阮都出人一头。一句话，耶律阮是当时辽太祖子孙在中原军队中的代表人物，诸部酋长及统军将领们自然而然地都要看他的脸色行事，耶律阮自然也是不会放过这样的机会的。

不过，耶律阮要想夺取皇位，还得先解决掉另一个也想当皇帝的人，那就是赵延寿。

赵延寿投降契丹10余年，始终在做着中原皇帝梦。他在辽太宗南下伐晋战争中充当急先锋，特别卖命出力，其目的就是想早一点当上中原皇帝。不料，后晋灭亡后，辽太宗一屁股坐在中原龙椅上，赵延寿的心情可想而知。但他并没有死心，又通过好友李崧向辽太宗请求册封自己为皇太子，想当一个预备皇帝，结果也被辽太宗一口否决。

赵延寿在当不成中原皇帝的情况下，敢于向辽太宗要皇太子之位，与他和辽太宗的关系及在契丹的影响力是分不开的。

从史籍记载来看，赵延寿的人品及才干是没有什么问题的，因此他与义父赵德钧投降契丹后，赵德钧被述律平羞辱而死，他却受到辽太宗的青睐，先后被任命为枢密使、政事令、南京留守等要职，诣又被晋封为燕王，料理燕云等地区汉人事务及执掌汉军，成为汉臣在契丹为官者中官职最高、权势最大之人。赵延寿与辽太宗的私人关系也非常密切，他到南京（今北京市）任职后，

辽太宗亲自派人到洛阳将赵延寿的妻子等家人接到南京与他团聚，并经常到其家中看望，互赠礼物，一起饮酒畅谈等。

辽太宗对赵延寿如此器重，显然是看中了他的人品和才干。而赵延寿不仅由此与辽太宗保持着密切关系，同时也为辽廷出力颇多。燕云十六州归属契丹后，没有像渤海地区那样出现大规模的反辽事件，除了辽廷"因俗而治"方略适当而外，赵延寿作为燕云地区的最高长官自然也是功不可没。不仅如此，赵延寿还利用与辽太宗的特殊关系，保住了20万晋军的性命。

杜重威率20万晋军投降契丹后，辽太宗对这二十万降卒始终不放心，便在进入汴京前，想将这些降卒全部赶入黄河淹死，在赵延寿的劝说下才放弃了这一想法。可谓是赵延寿一句话，救了石晋20万降卒的命，由此也不难看出，赵延寿在辽太宗心中的地位。

正因为此故，辽太宗在拒绝了赵延寿册封其为皇太子的请求后，并没有卸磨杀驴，将他一脚踢开，而是提升他为中京留守、大丞相。

这里的中京，并非后来辽圣宗所建的辽中京，而是原后晋镇州（今河北省正定县）。辽太宗入主汴京坐上中原龙椅后，将汴京降为开封府，升镇州为中京"以备巡幸"。由此可见，辽太宗是想以镇州为中京代替汴京，作为契丹统治中原的京都。也就是说，赵延寿为中京留守，实际上就是在料理中原事务，权力与中原皇帝相差无几。

俗话说，人心不足蛇吞象。按理说，赵延寿对于这样的安排应该满足才是，但中京留守与中原皇帝毕竟不是一回事，因此他对辽太宗还是有着一肚子的气，暗地里对人说不想回到北方去了，言外之意是不想再给契丹人干事了。不过，在人屋檐下不得不低头，赵延寿气归气，还是忍气吞声跟着辽太宗一起北返，前往镇州上任。

俗话又说，天有不测风云，辽太宗突然病逝于镇州城外，赵延寿似乎又看到了当中原皇帝的希望。在他看来，辽太宗一死，他这个中京留守自然就是中原老大，获取中原皇位自然也就不在话下了。于是，他率兵先行进入镇州城，开始筹备当中原皇帝。不料，螳螂捕蝉，黄雀在后，有一个人正在背后盯着他，这个人就是耶律阮。

　　耶律阮早就发现了赵延寿有异谋，见其率兵先行进入镇州城，也率领诸部酋长随后而入，并抢先将城里各府库的钥匙拿在手中。

　　赵延寿进入镇州城后便开始预谋当皇帝。客观地说，此时的赵延寿想当中原皇帝已经不再是梦，而是有相当大的成功机会。

　　就当时的局势而言，各地反辽活动风起云涌，辽太宗一死，辽廷更是失去了对中原的控制力，辽方退出中原是迟早的事情。进一步来说，辽太宗一死，中原皇帝虚位以待，就看谁能抓住机遇了。

　　就当时中原各方势力而言，也只有盘踞太原的刘知远和赵延寿有争夺中原帝位的能力。刘知远虽然在太原称帝想入主汴京，但他并不想与辽兵直接交战，而是想等辽兵北撤后再图中原。不仅如此，辽太宗得到刘知远在太原称帝的消息后，派军队驻守于太原通往汴京的各主要关卡要道，刘知远要想入主汴京并非易事。相比较而言，赵延寿入主汴京进而坐上中原龙椅的机会则要比刘知远大的多。

　　一方面，赵延寿是后唐明宗李嗣源的女婿，在后唐为宰相时，刘知远还只是石敬瑭手下幕僚，不论是权势和影响力都是刘知远无法相比的。石晋一朝官员大多以后唐官员为班底，赵延寿虽然没有在石晋为官，但石晋朝中官员及军队中的将领大多是他原来的属下和朋友，其在石晋的影响力并不比刘知远差，如果他举起

反辽旗帜，肯定会得到部分原晋朝官员和军队的响应。一方面，赵延寿在契丹为官10余年，不仅在契丹军政两界具有一定的影响力，而且手中掌握着一支数量可观的汉军，他在随辽太宗南下伐晋时手里有5万汉军，石晋灭亡后，杜重威的20万降卒有10万也归他统领。也就是说，赵延寿手里最少有15万汉军，如果他率这些汉军起事来夺取中原龙椅，成功的几率要远远地大于刘知远。

就当时中原局势而言，刘知远也只是控制着以太原为中心的河东地区，河北等地一些藩镇虽然声明叛辽归附太原，但并没有掌握在刘知远手中，汴京、镇州、定州等中原重镇及大部分藩镇仍然掌握在契丹人手里。更主要的是，辽太宗一死，契丹在中原的军队便掌握在镇州城中的耶律阮、诸部酋长及赵延寿手里，这就为赵延寿夺取中原皇位提供了有利时机。

一方面，跟随辽太宗北返的原晋朝主要官员如冯道、李崧等都在镇州城内，这些人都看赵延寿的眼色行事，赵延寿完全可以利用他们联系旧部或以他们为班底立即组建中原新朝廷。一方面，镇州城内有1万多汉军，这些汉军是赵延寿的部队，他不用联系

城外军队手里便有一支现成的可以使用的军事力量。一方面，当时镇州城内外百姓反辽情绪高涨，如果赵延寿起兵反辽，必然会得到这些百姓的声援。还有最主要的因素就是当时能够控制契丹在中原局势的主要人物如耶律阮、诸部酋长等都在镇州城内，这些人虽然以耶律阮为头，但并非都听从其指挥，且都无心维持契丹在中原的统治，而是各怀心事，或想着如何回到北方，或盘算着拥护谁为新皇帝对自己有利，如果赵延寿果断起兵，先发制人，制服耶律阮等人，则有很大的机会夺取中原龙椅。

总之，当时的中原局势对赵延寿是十分有利的。如果他能够抓住这些有利时机果断率镇州城内汉军起事，制服耶律阮及诸部酋长，控制住镇州局势，辽兵不仅会因耶律阮和诸部酋长等被抓而纷纷北退，他也会因此而得到中原军队及百姓的拥护，获取中原皇位的概率自然要远远地大于刘知远。

当时赵延寿身边也有看清形势的人，建议他以镇州城内汉军起事，控制住耶律阮、诸部酋长后再举行登基仪式，进而问鼎中原。但是，赵延寿或许是在契丹生活10余年，对契丹兵势心存顾忌，或是鉴于石敬瑭依靠契丹而成功、石重贵背离契丹而失败之经验教训，面对如此有利局势，赵延寿始终想走石敬瑭的路子。

赵延寿进入镇州城内后便散布消息说，辽太宗病逝时曾遗诏让自己主政中原，为自己当中原皇帝大造舆论。同时以中京留守（中原最高长官）的名义下达命令，特意指出各地供给耶律阮的俸禄与一般将领一样。同时向耶律阮索要镇州城内各府库的钥匙，想全面接管镇州，耶律阮自然是没有给。

赵延寿见耶律阮不给钥匙，便想强行举行登基仪式，造成即位中原皇帝的事实，并制定了具体的登基流程和时间。

赵延寿的好友李崧见其如此草率从事，便劝阻说契丹人的思想与汉人不同，强行举行登基仪式恐怕会招来不测，劝其取消这样的登基典礼。赵延寿听了李崧的劝谏后，就又犹豫起来，就在他犹豫不决时，耶律阮抢先动手了。

耶律阮见赵延寿已经开始行动，便召集诸部酋长商量对策。有人提出以兵击杀汉军，以此制服赵延寿，有人反对这一意见，认为汉军并没有造反，这样会激起其他汉军造反，后果不堪设想。最后还是耶律阮计高一筹，想到了一条妙计。

这一天（947年5月1日），赵延寿及张砺、李崧、冯道等汉人重臣同时接到了耶律阮请他们到府第饮酒的请帖。

李崧、冯道在后唐、后晋为官多年，经多识广，觉得耶律阮在这个非常时期"请客"，总是有些不合常理，建议赵延寿不要赴宴，以免中计。

此时的赵延寿以中原老大自居，正在筹备当中原皇帝的兴头上，哪里听得进这些意见？或许在他看来，自己是中京留守，是镇州城中最大的官，契丹人请自己喝酒是理所应当的呢！于是，与众人等如约赴宴。

酒过三巡之后，耶律阮对赵延寿说："妹妹从上国来了，燕王不想见一见吗？"

原来，赵延寿在契丹生活10余年间结拜了众多干兄弟姐妹，其中就包括耶律阮的妻子萧氏。

此时的赵延寿坐在首席，享受着诸人敬酒，相当兴奋。一听妹妹来了，心里更是高兴，也没有多想，随口说道："妹妹来了，咋能不见呢？"一边说，一边起身，随着耶律阮向内室走去。

李崧、冯道虽然如约赴宴了，却没有赵延寿那样"心大"，始终不落神，心想这"鸿门宴"上可别杀出一个项庄来啊！果然，酒喝到一半，耶律阮提出了"妹妹"的事情，李崧和冯道心里就是一紧，这里面会不会有什么问题？可一见赵延寿爽快地答应去见妹妹，也就没有多想。不过，过了一段时间，赵延寿也没有回来，李崧和冯道这两人的心里就又发起毛来，见干妹子也用不了这么长时间呀！于是就问张砺："燕王有妹嫁与永康王吗？"

张砺原来是后唐的翰林学士，跟随赵延寿一起投降契丹，得到辽太宗的器重，在辽廷担任翰林学士、吏部尚书。随辽太宗南伐石晋进入汴京，曾劝辽太宗不要用契丹人而用汉人来管理中原，以防激起民变。辽太宗正在胜利的兴头上，没有采纳这一建议终导致统治中原失败，张砺也随辽太宗一起北返滞留于镇州。

张砺在契丹生活多年，了解的事情自然比较多，对冯道、李崧等人说："并非燕王亲妹，而是干妹子。"

几人正在说话间，耶律阮走了出来，笑着对张砺、李崧、冯道等人说："燕王（赵延寿）想要谋反，我已经把他拘捕了。"

张砺、李崧、冯道等人一听，吓得面面相觑，不知如何是好。

这时，耶律阮收起笑脸，严肃说道："先帝（辽太宗）在汴时曾说过，让我主政南朝。前几天病逝时，并没有什么遗诏，燕王怎么能擅自捏造先帝的遗诏，主政南朝事务呢？这都是燕王一个人的罪责，与你们无关，我们接着喝酒。"

张砺、李崧、冯道等人一听，哪里还有心思喝酒？精神恍惚地应付几杯，便赶忙回府闭祸去了。

耶律阮巧施一计，将赵延寿拘捕起来，控制住了镇州局势。

赵延寿投降契丹十余年，也做了十余年的中原皇帝梦，到头来被耶律阮拘捕，第二年死于狱中（948年10月）。

4. 枢前即位

耶律阮解决了赵延寿之后，开始专心考虑皇位问题了。其时，镇州城内还有几股政治势力在活动。

一是20年前被述律平诛杀的大臣们的子孙们。这部分人最小的年龄也已经二十几岁，他们因为当年祖父辈拥立皇太子耶律倍当皇帝被述律平诛杀而心存仇恨，时刻想着报仇，并把报仇的希望寄托在耶律倍之子耶律阮的身上。辽太宗一死，他们自然是希望耶律阮能够当上皇帝，以打压述律平为祖父辈报仇，其中的代表人物便是耶律安抟。

耶律安抟是辽太祖二伯父严木曾孙，其父耶律迭里在太祖朝末担任南院大王，因反对述律平废长立次而被诛杀，其家族也被贬为奴隶。当时安抟还在幼年，甚是可怜，长大后因父亲无罪被杀

却没有按大王标准安葬而从不饮酒，从而得到辽太宗的赏识，到身边为侍卫。但是，安抟为了给父亲报仇，与同病相怜的耶律阮关系非常密切，两人无话不谈，自然也涉及皇权的话题。这次他也随辽太宗南下伐晋，滞留于镇州城中。

二是诸部酋长。按照辽太祖建国时制定的皇权父子世袭制度，皇权继承本来没有诸部酋长什么事，但由于述律平在辽太祖病逝后，为了达到废长而次的政治目的，利用传统的诸部酋长选汗形式将次子耶律德光拥立为皇帝，从而使诸部酋长有了参与皇权传承的权力。

诸部酋长率本部兵马随辽太宗南伐，辽太宗病逝后，又随耶律阮滞留于镇州城里。他们心里都非常清楚，述律平想让三子李胡继承皇位，而李胡并非理想的皇位继承人，如果回到辽上京推举辽太宗之子耶律璟为皇帝，20年前述律平诛杀百官的一幕会不会重演？由此诸部酋长处于两难境地，其中的代表人物是北院大王耶律洼和南院大王耶律吼。

北院和南院的前身是迭剌部，辽太祖开国称帝后，为削弱迭剌部的势力，减小其对皇权的威胁，将迭剌部分为北院部和南院部两大部（922年），亦称二院皇族。辽太宗获取燕云十六州后，为了控制燕云地区，将北院部和南院部调到燕云地区驻防，并将北院部和南院部首领升格为大王（938年），规格要高于其他诸部首领，掌握着契丹最精锐的骑兵部队，在皇权传承过程中具有举足轻重的作用。

三是李胡一派人。李胡是太祖和述律平第三子，且已经被确立为事实上的皇位接班人，身边自然围拢着一帮人。这些人遍布于辽廷政坛和军队中，镇州城内自然也不乏拥立李胡之人。这些人自然是想拥立李胡继承皇位，以期获取好处。

四是耶律璟一派人。辽太宗当了整整20年的皇帝，自然有一些心腹臣僚，这些人自然也是想让其嫡长子耶律璟来继承皇位，以保官位不失。

　　就以上几股政治势力而言，以安抟为代表的政治势力是耶律阮可以依靠的对象，诸部酋长是耶律阮必须要争取的对象，其他是耶律阮要打压的对象。耶律阮最终能否继承皇位，主要要看诸部酋长的态度。

　　耶律阮始终在想着皇位，因此对镇州城内的政治势力及皇位继承形势也有着清醒的认识，拘捕赵延寿后，第一个便找到安抟商量办法。

　　安抟正在等待这样的机会，对耶律阮说道："大王聪颖宽厚，又是人皇王（耶律倍）嫡长子，先帝（辽太宗）虽然有寿安王（耶律璟）在，但百姓心里都想让你来当皇帝，现在不果断出手，将后悔莫及。"

　　耶律阮听了安抟的话，更加信心十足，于是让安抟去做诸部酋长的工作。安抟首先找到北院大王耶律洼和南院大王耶律吼。

　　耶律洼是仲父房皇族人，契丹第一位于越释鲁（辽太祖三伯父）之孙、绾思（曾任南院夷离堇）之子，少年时便表现出与人不同的器度，时人认为其有公辅之材，将来必为国家所用。辽太祖朝时，耶律洼虽然没有什么官职，但常常被委以重任。辽太宗即位后，耶律洼被提升为大内惕隐，率本部人马参加了辽太宗灭亡后唐扶立石敬瑭的战争，因功升任北院大王。在辽太宗南下伐晋战争中数为先锋，战功显赫，与耶律阮一起滞留于镇州城中。

　　南院大王耶律吼，南院部皇族人，先祖帖剌（辽太祖二伯祖）曾九任迭剌部夷离堇，其家族是二院皇族中势力最强大的一支，被称为六院（南院）夷离堇房。终辽一世，北、南两院大王多出

自这个家族。耶律吼仗义疏财，干事清简，为时人所称道，当时有人选出当世七位名流作七贤传，耶律吼居其一。辽会同六年（943年）升任南院大王，时石重贵即位，后晋皇帝对契丹只称孙不称臣，耶律吼便建议辽太宗南伐石晋，并率本部人马参加了南伐石晋战争，进入汴京后，其他将领多冲入府库抢夺财物，唯耶律吼只选取了马铠，从而得到辽太宗的奖赏。耶律吼后随辽太宗北返进入镇州城中。

由于辽太宗病逝时没有留下遗诏让谁来继承皇位，因此当时在镇州城内的诸部酋长心里都很害怕，害怕20年前述律平诛杀百官的惨剧发生在自己身上，不知道如何是好。南院大王耶律吼见诸部酋长不知所措，人心惶惶，便找到北院大王耶律洼商量对策。他对耶律洼说道："皇位不可久空，如果请示太后（述律平）的话，她必然立李胡为皇帝，可李胡暴戾残忍，岂能造福于子民，不如拥立永康王耶律阮为皇帝。"耶律洼听了耶律吼的话，认为有一定的道理，但心里有所顾虑，认为李胡和耶律璟都在述律平身边，且不知耶律阮有没有当皇帝的想法，即便是拥立耶律阮当皇帝，也应该先请示太后述律平而后行事。正在两人商量之际，安抟找到他俩说明来意。

北院大王耶律洼一听耶律阮想当皇帝，兴奋地站起身来说道："我们两人正在商议此事，先帝（辽太宗）曾想把皇位传给永康王耶律阮，今天的事情有我们俩在，谁敢不从？只是不请示太后（述律平）便擅自拥立新皇帝，恐怕会给国家招来祸患。"

安抟说道："大王既然知道先帝想把皇位传给永康王，且永康王贤明，百姓都乐意归附他，还犹豫什么呢？如今中原尚不稳定，不马上选出新皇帝，就会失去中原。如果请示太后，必然拥立李胡为皇帝，而李胡暴戾，国人共知，果真立他为皇帝，对社稷有利吗？"

耶律洼与耶律吼认为安抟说得有道理，于是决定拥立耶律阮为皇帝。

安抟说服了北、南两院大王，又放出消息说李胡已经暴死。消息迅速传遍镇州城，拥护李胡一派人自然心里就没了底。

契丹人崇东尚北（左），北大王耶律洼的地位要远远地高于诸部酋长。他把诸部酋长召集到辽太宗灵柩前说道："太宗皇帝病逝，国家无主，永康王是人皇王（耶律倍）嫡长子，太祖嫡长孙，人心归附，应当即位皇帝，有不从者军法从事。"

诸部酋长慑于述律平的威力，正不知选谁为皇帝好，见北院大王和南院大王站出来拥立耶律阮当皇帝，便顺水推舟，纷纷表示同意。李胡的支持者们一是不知李胡死活，二是慑于北、南两院大王的威力，自然不敢妄动。耶律阮由此控制住镇州城内局势，在辽太宗灵柩前即位皇帝（947 年 5 月），是为辽世宗。

5．横渡之约

诸部酋长拥立辽世宗即位皇帝后，心里并没有底。因为他们心里都很清楚，在没有请示述律平的情况下，擅自拥立辽世宗为皇帝，这种忤逆行为弄不好就会掉脑袋，要想保住脑袋就必需让述律平承认辽世宗这个皇帝的合法性。因此，举行完即位仪式后，诸部酋长便催着新皇帝辽世宗回上京向述律平讨说法。

辽世宗心里当然也清楚，他这个皇帝还需要得到祖母述律平的认可才能名正言顺，因此任命堂叔耶律拔里得（太祖二弟刺葛之子）为中京留守，总理中原事务，任命了有关官员，布置了一下应急防务后，便派辽太宗庶子耶律天德等护送辽太宗尸体先行回上京，向祖母述律平通报自己即位皇帝的消息，自己则率领诸部酋长等大队人马随后北上，向祖母讨说法。

述律平在辽第二次南下伐晋失败后，曾责令辽太宗与石晋和好。当石晋断绝与辽关系，辽太宗决定第三次伐晋时，述律平对已经当了二十年皇帝的儿子不好再执意阻拦，但也为儿子担着心。曾语重心长地嘱咐辽太宗："我的儿呀！你一定要灭晋，我也不好阻拦。只是晋人没有向你索要燕云十六州，没有停止岁贡，就是因为晋臣景延广的一句忤逆的话就出兵，是师出无名啊！听母后一句话，取胜之后，就立即回兵，不可在中原称帝，如果称帝

会悔之莫及的。"

这一番话语既道出了述律平不赞成辽出兵中原的原因，即中原可望不可得，同时也道出了一个母亲对一个即将远征的儿子的担心，抑或是母子连心的某种预感。不幸的是，这种预感变成了现实。

见到辽太宗的尸体后，述律平一滴眼泪也没掉，愤愤地说道："你不听母言，终有此祸，等我平定内乱再来安葬你吧！"然后命三子李胡率军南下与辽世宗争夺皇位。

与此同时，还有两个人也活动起来，那就是安端和耶律刘哥。

安端是辽太祖兄弟六人中生命力最顽强一人。当年辽太祖病逝前后，几兄弟都先后离世，只有安端因与大嫂述律平关系好而存活下来，并且还得到了重用，先后出任大内惕隐、北院大王、晋封伟王等。本来他也率本部人参加了南下伐晋战争，但在第三次伐晋过程中因病回到家里休养。就在这期间发生了辽太宗病逝、辽世宗在军中即位、述律平派三子李胡率军南下与辽世宗争夺皇位等一系列事件。安端作为耶律氏皇族中唯一的男性老字辈，必须要做出选择，是支持孙子辽世宗还是支持大嫂述律平。

这样的选择对于安端来说并不是第一次。当年辽太祖病逝时他也面临着这样的选择，即是支持侄子耶律倍，还是支持大嫂述律平。当时他选择大嫂算是押对了宝。可此一时彼一时，辽世宗已经即位皇帝，手中掌握了诸部兵马，而大嫂述律平更不是好惹的主，一旦站错队、押错宝，脑袋可就不保了。为此，安端急得吃不下，睡不好。儿子察割见父亲坐立不安，便出主意说，李胡暴虐，一旦当上皇帝，岂容得下我们父子？永康王耶律阮性格宽厚，与刘哥关系密切，不如向刘哥打听一下耶律阮的情况，然后再下决定。安端于是采纳儿子察割的建议，两人前往刘哥家中问计。

耶律刘哥是辽太祖四弟寅底石之子，阴险狡诈，心狠手辣，因当年述律平杀死父亲寅底石故而怀恨在心，时刻想着报仇。为了达到这一目的，他靠近辽世宗，两人成为酒友和赌友。辽太宗因刘哥是四叔寅底石之子而给予照顾，但他知道刘哥的为人，任命其为西南边大详稳，使其远离京城到边境戍守，由此刘哥并没有参加辽兵南伐石晋的战争。辽太宗病逝、辽世宗在军中即位时，刘哥正在家中休养。他得到这一消息后，觉得报仇的机会来了，便准备率本部兵马南下支持辽世宗以打击述律平。正在此时安端父子来访，刘哥于是劝说五叔安端支持辽世宗。安端于是率军与刘哥一同南下，投奔辽世宗。

安端与刘哥率军在南京（今北京市）北与李胡军相遇，双方话不投机战在一起，李胡很快便败下阵来。回到上京后，他气急败坏，把辽世宗身边臣僚们的家属子女都抓进了监狱，并威胁说如果不能夺回皇位，就把这些人全部杀死。

述律平见三子李胡败下阵来，便亲自出马，率领军队南下征讨孙子辽世宗。

安端与刘哥打败李胡后，进入南京（今北京市）见到辽世宗表明来意。辽世宗见五叔祖安端和堂叔刘哥支持自己，更是信心百倍，立即率军北上迎战祖母。两军在潢河南相遇，刚一接战，述律平也败下阵来。不过，述律平毕竟久经沙场，退到潢河北岸后便扎下营帐，凭潢河天险阻止孙子辽世宗回上京。

就当时的形势而言，述律平一方的兵力显然不如辽世宗，不可能再主动过河进攻。辽世宗手握重兵，倒是可以渡河进攻祖母，但毕竟也是自相残杀，这显然又是他所不愿意看到的结果。因此，祖孙两人便隔潢河对峙起来。

辽世宗既然想回上京坐龙椅，又不想以兵进攻祖母，自然就要想别的办法来让祖母屈服。他见祖母身边只有耶律屋质算是一个人物，如果能够除掉此人，就如同去掉祖母臂膀，届时祖母便无力再与自己抗衡。于是给祖母写了一封信，说耶律屋质与自己暗通，以离间两人的关系。

耶律屋质与耶律安抟同为阿保机二伯父严木之后，是否是同父母兄弟不得而知。不过此人是辽王朝著名三位于越之一（另两人是耶律曷鲁和耶律仁先），在辽廷几次危机时刻都扮演了关键的角色。他善于谋划，智略超人，在辽太宗朝后期出任大内惕隐。辽太宗率大军南下伐晋，屋质率本部人马与述律平留守上京，既是述律平的主要军事力量，同时也是其得力佐臂。因此，辽世宗才想离间他与述律平的关系。

述律平是一个老道的政治人物，自然清楚孙子的伎俩，于是

把信交到耶律屋质手中。

屋质自然也清楚辽世宗的用意，不过他并没有争辩，而是平静地对述律平说："因为太后佐太祖定天下，所以我才愿为太后效死力，如果太后怀疑我的话，我即使想尽忠，恐怕也做不到呀！"然后进一步说道："为今之计，或和解或马上决战，否则时间一长，人心生变，就会给国家带来灾难。"

述律平知道屋质是一名忠臣，便解释说："如果我怀疑你的话，怎么可能把书信交给你呢？"然后征求屋质的意见，双方和解还是决战。

屋质把早已想好的计策和盘托出：李胡和辽世宗都是太祖子孙，谁当皇帝，皇权都掌握在太祖的子孙手中，太后如果从长远考虑，应该与永康王（耶律阮）和解。

述律平辅佐丈夫打天下几十年，又辅佐儿子治理国家二十年，在契丹政坛上活跃了半个多世纪，心里自然清楚内乱会给国家带来什么样的灾难。因此，采纳屋质的意见，并派他拿着自己的书信前往南岸和解。

辽世宗见祖母的书信中多有谴责自己之语，心里很是不服，便在回信中也用了一些不逊之词。

屋质劝谏辽世宗说："大王如此回信怎能消除国家忧患？祖孙两人应当冰释前嫌，好言和解，这样才对国家社稷有利。"辽世宗则冷笑道："对方一群乌合之众，怎是我的对手？"

屋质则向辽世宗分析了双方交战后可能出现的三种结果：一是胜负难测；二是即便是辽世宗胜，那也是自相残杀；三是被李胡关在监狱里的诸将领们的家属子女将都被杀掉。

很显然，第三种结果对辽世宗及诸将领都产生了震慑作用。辽世宗在将领们惊恐的眼神下，底气也不那么足了，派人前往北岸和解。

双方信使经过数日奔波，祖孙两人终于坐到了一起。

或许是隔阂太深的缘故，祖孙两人一见面，便唇枪舌剑地争论起来，说白了就是向对方发泄不满。述律平的主要不满是辽世宗为什么不事先请示就擅自即位，辽世宗的不满是父亲当年应该当皇帝，因为祖母的缘故没有当成，反而死在异国。

这正是屋质所希望看到局面，见祖孙两人把对对方的怨气和不满撒得差不多了，便站出来各打五十大板。他首先批评了述律平当年不应该废长而立次，然后又批评辽世宗擅自即位是对祖母的不敬。

祖孙两人自然都不愿意自己理亏，便又对自己的行为进行了辩解。述律平的解释是立次子为皇帝是太祖的意思；辽世宗的解释是如果我不擅自即位，就会如同父亲当年一样。

屋质显然是一个很会掌握谈判火候的人，见祖孙两人不再向对方发泄不满，而是各说各的理，火气消了大半，便假装生气地说道："国母（述律平）假托太祖之名，将社稷授予偏爱之子；大王（耶律阮）见到祖母不下拜，反而出言不逊，尽说一些不敬的话。这样怎能和解？应该速速交战。说完，将筹（古代时的一种计算工具，人们在谋划事情时也往往手持筹，用以计算谋划好的事情）扔在地上，一转身走出谈判会场。"

屋质此举显然是将了祖孙一军，意思明了，如果想和解就好好谈，如果不想和解就马上交战。

这一手果然管用。述律平见屋质生气离场而去，不禁潸然泪下，感慨地说道："昔日诸弟谋乱，致使国家遭受了巨大的损失，时至今日创伤还没有完全恢复好，怎能再发生内乱呀！"说完，上前拾起一筹。辽世宗见祖母哭了，也动了感情，解下佩剑交给

身边的侍卫，也上前拾起一筹，眼含泪水说道："当年父亲不愿意做的事情，如今儿子做了，这又是谁的错呀！"

祖孙两人这么一哭，在场诸大臣和将领们也都抑制不住嘤嘤哭泣起来。

屋质见祖孙两人都软了下来，才重新回到谈判会场，谈判也重新开始。

述律平首先提出实质性问题：皇帝由谁来当。屋质直截了当：耶律阮当皇帝。

李胡一听不干了，大喊一声："有我在兀欲怎能当皇帝？"兀欲是耶律阮小名。

屋质不紧不慢地说道："按照礼数，有世嫡不传诸弟，昔日嗣圣皇帝（辽太宗）即位，人们还都认为不妥，况且你暴戾残忍，人们都反对你而拥护永康王（辽世宗），你怎么可以当皇帝呢！"

一番话说得李胡哑口无言。

述律平见大势已定，望着三子李胡说道："你听见这些话了吗？这都是你自己不争气啊！"遂同意辽世宗为皇帝。辽世宗终于如愿以偿，名正言顺地坐上契丹辽王朝的龙椅。因祖孙两人是在潢河渡口约和的，史称"横渡之约"。

6. 悲剧人生

述律平虽然同意了孙子辽世宗为皇帝，但心里并不舒服，她不能理解自己是一手遮天的人物怎么会败在乳臭未干的孙子手里。因此，回到上京后，她首先找到安抟，问他为什么拥立辽世宗而反对自己？

安抟回答得非常干脆："我父亲（即耶律迭里）当年无罪，

太后杀了他。"

述律平又找到萧翰，问他同样的问题。

萧翰是开国宰相萧敌鲁之子，述律平之侄，在太祖朝便以打仗勇猛而著称。辽太宗自汴京北返时，萧翰被任命为汴京留守镇守汴京，实际上就是总理黄河以南事务。萧翰的妹妹是辽太宗的皇后，他由此成为当时二国舅帐中的实力派人物，在皇位继承问题上具有举足轻重的地位。当他得知辽世宗在镇州即位皇帝后，便在镇州城内坐不住了，找了个理由开始北返。当他赶到镇州时，辽世宗已经率诸部酋长北返，于是他又接着北追，终于在潢河岸边追上辽世宗。由于母亲在20年前支持太子耶律倍而被述律平诛杀，因此他也站在了姑姑述律平的对立面，成为辽世宗的支持者。

萧翰见姑母述律平问自己为什么反对她，也回答说："当年我母亲无罪，太后却杀了她，所以我不能支持姑母。"

述律平再找到耶律刘哥寻问同样问题。

刘哥回答得更干脆："我父亲（辽太祖四弟寅底石）无罪，太后却杀了他，由此怨恨太后。"

述律平见三人回答如出一辙，心里遂有了底。原来辽世宗身边的人并非真心拥护他当皇帝，而是想利用他来对抗自己，以报20年前祖父辈被杀之仇呀！既然辽世宗身边的人并非铁板一块，那自己就还有翻盘的机会，于是，她又开始活动，想推翻辽世宗的皇位。

李胡失去皇位自然是更不甘心，活动的比母亲还积极。

辽世宗自然也没有高枕无忧，而是密切注视着祖母和三叔的一举一动，见母子两人仍然在暗中活动图谋推翻自己的皇位，遂采取果断措施，将祖母和三叔逮捕囚于太祖陵墓道内，其他参与图谋皇位活动的人员或被下狱或被诛杀，包括耶律屋质也被逮捕入狱（947 年 7 月）。

　　根据有关史籍资料，述律平母子被囚还存在着另外一种可能，那就是辽世宗为了防止述律平母子再图谋皇位，"欲加之罪何患无辞"，将母子两人囚禁起来。

　　《契丹国志·梁王信宁传》载，梁王信宁"与帝同谋，逐太后出宫"，即梁王信宁与辽世宗合谋将述律平逐出皇宫囚于祖陵。

　　梁王信宁即耶律鲁不古，《辽史》有传，本传说他是辽太祖从侄。但从《契丹国志·契丹世系表》及《契丹国志·梁王信宁传》来看，

耶律鲁不古（字信宁）与梁王信宁为一人，是辽太祖二弟剌葛之子，其六世孙耶律习涅墓志在赤峰市巴林左旗出土。鲁不古因在辽太祖朝创制契丹文字有功出仕为林牙、监修国史，后率军队驻守西南边境。当年石敬瑭派信使到契丹以称儿割让燕云十六州为条件请求外援，就是鲁不古派人将石敬瑭的信使护送到西楼皇都。鲁不古支持耶律阮而反对述律平的原因，显然与其父剌葛有关系。

剌葛在辽太祖诸兄弟中行二，按照契丹汗权世选原则，他是辽太祖之后的汗位继任者，因此他当年率诸弟三番两次叛乱图谋汗权。辽太祖在妻子述律平及其两个兄弟萧敌鲁、萧阿古只的全力帮助下最终平定了叛乱。剌葛无奈逃到中原，后被李存勖所杀。其子孙由此对述律平怀恨在心，从而与耶律阮走在一起以寻机报仇。

鲁不古在"横渡之约"之前是如何支持辽世宗的不得而知，不过根据《契丹国志·梁王信宁传》记载，正是他"与帝同谋，逐太后出宫"。

"与帝同谋，逐太后出宫"，透露了述律平母子被囚的另一信息，那就是"横渡之约"后，述律平母子回到上京并没有再图谋推翻耶律阮的皇位，而辽世宗为了消除后患，与鲁不古合谋以述律平母子又图谋造反为借口，将母子两人囚于太祖陵，抑或是鲁不古建议辽世宗把述律平母子囚禁起来，以消除后患。鲁不古则因"与帝同谋，逐太后出宫"有功，先后担任了南院大王、北院大王、拜于越、兵马大元帅，封梁王、加尚父。其中的兵马大元帅，只有有资格当皇帝的人才能够担任（辽太宗、李胡都曾担任此职）。由此可见，辽世宗为了打败祖母述律平和三叔李胡，甚至是不惜以皇位相传来拉拢鲁不古。

辽世宗之所以以皇位相传来拉拢鲁不古而不是其他人，就是因为鲁不古的父亲剌葛当年是辽太祖之后汗位的第一顺位继承人，其子嗣自然也有当皇帝的资格。

这件事反映了当年述律平废长立次所造成的后遗症是非常严重的，那就是由于她破坏了辽太祖确立的皇权世袭制，使皇权传承退回到世选制，从而使诸弟及其子嗣们又都参与到皇权争夺中来。按照皇权世袭原则，安端父子、刺葛之子鲁不古（梁王信宁）、寅底石之子刘哥都没有继承皇位的资格，他们积极帮助辽世宗夺取皇权，并非出于真心，而是对皇权存有觊觎之心，目的是寻机夺取皇权。在这种情形下，述律平与辽世宗祖孙两人争夺皇权，并无真正的胜者。述律平为自己当年诛杀百官买了单，而辽世宗虽然胜出，却很快就又成为皇权争夺的牺牲品，而操刀之人正是安端父子。

总而言之，祖孙历时四个月的交锋以辽世宗胜出，述律平、李胡母子被囚而结束。

辽世宗将祖母述律平和三叔李胡囚于祖陵后并没有收手，而是将祖母述律平的斡鲁朵（长宁宫）没收，归属父亲耶律倍家族所有及分赐给帮助他夺取皇位有功人员。

斡鲁朵是匈奴以来游牧政权的传统制度，契丹辽王朝斡鲁朵制度创立于辽太祖，此后每个皇帝即位都创建自己的斡鲁朵。所谓的斡鲁朵，就是集政治、经济、军事于一体的、为皇帝私人服务的军政组织，也可以理解为皇帝的头下州（当然，诸显贵的头下州与皇帝的斡鲁朵是无法相比的，诸显贵的头下州是一座私城，而皇帝的斡鲁朵不仅有私城，而且还有游动的部落组织）。终辽一世共有13个斡鲁朵（宫卫），除9个皇帝之外，开国皇后述律平、承天皇太后萧燕燕、辽圣宗之弟耶律隆庆、大丞相耶律隆运（即韩德让）也组建有斡鲁朵。述律平的斡鲁朵名叫蒲速怨斡鲁朵，曰长宁宫。

述律平的斡鲁朵被没收，标志着她成了名副其实的"孤家寡人"。也就是说，她在与孙子辽世宗争夺皇权斗争中完败，不仅在政治上沦为阶下囚，而且在经济上成为穷光蛋。

历史总是给人无限的遐想。20年前，述律平为了让次子耶律德光当皇帝，诛杀了100余名大臣，并砍掉了自己的一只手，最终如愿以偿。如今她为了让三子李胡当皇帝又与孙子辽世宗交锋，结果被囚于太祖墓道内。为什么同样的事情会有不同的结果呢？原因可能是多方面的，所谓此一时彼一时，所谓任何事物都是不以人的意志为转移等等。但最根本的原因还是在述律平自身。

客观地说，述律平在辽太祖病逝时废长立次，是出于国家稳定和长治久安考虑，且辽太宗德才俱佳，在诸大臣诸部族中都具有崇高的威望，因此即便是她诛杀了一百余名大臣，契丹国家也没有大乱，相反还很快步入了发展快车道。而她立三子李胡为皇帝，则完全是出于母爱幼子之私心，且李胡暴戾恣睢，不得人心，因此不仅没有成功，反而被孙子辽世宗囚于祖陵。也就是说，述律平废长立次是出于公心，因此成功了，此所谓天下为公，大道之行也。立三子李胡为皇帝是出于私心，因此失败了，此所谓天下为私，无道可行也。

述律平被囚于太祖陵，从此淡出契丹政坛，在丈夫墓道内度过了人生最后7年，75岁病逝（953年6月）。

HUANG SHI NEI LUAN

第四章 皇室内乱

二

　　九月庚申朔，自将南伐。壬戌，次归化州祥古山。癸亥，祭让国皇帝于行宫。群臣皆醉，察割反，帝遇弑，年三十四。

　　　　　　　　　　　　　　　　　　　《辽史》

1. 二国舅帐

辽世宗虽然打败祖母述律平和三叔李胡名正言顺地坐在龙椅上，但皇位并不稳固，其中皇位最大的威胁便来自于二国舅帐，即述律平家族。

契丹族实行异姓通婚制度，即耶律氏与萧氏相互通婚，且每个家族都有固定的通婚对象。契丹建国之前，迭剌部的耶律氏世与拔里氏和乙室已氏两家族通婚。按照这一通婚习俗，辽太祖担任契丹可汗后，拔里氏和乙室已氏家族便成为汗后之族。辽太祖开国称帝后，这两个家族又成为皇后之族，称为二国舅族。但是，由于辽太祖在担任契丹可汗之前便娶述律平为妻，担任可汗后，在册封述律平为汗后的同时，先后任用述律平兄弟萧敌鲁、萧阿古只为北府宰相，由此述律氏在契丹建国初期迅速崛起，成为辽廷新生政治势力。

述律平父族述律氏虽然为回鹘族系，但经过多年与契丹族通婚，已经是契丹化的回鹘人，且融入契丹拔里部之中。由于辽太祖姑姑耶律氏先嫁给乙室已部萧氏为妻，后又改嫁给拔里部的述律氏为妻，因此造成述律平兄妹分属拔里氏（如述律平、萧室鲁、萧阿古只）和乙室已氏（如萧敌鲁）的局面。

辽太祖开国称帝后，为了利用述律氏家族来掣肘皇族及打压反对派，以保证皇权在自己子孙中传承，借析分迭剌部和皇族之机，把妻子述律平和母亲萧岩母斤家族从本部族中独立出来，升为拔里氏国舅帐和乙室已氏国舅帐，统称为二国舅帐。自此二国舅帐取代原来意义上的拔里氏和乙室已氏二国舅族，与皇族（辽太祖家族）通婚，占据了辽廷后族之位。

通婚的游戏规则是：皇族（阿保机家族）男人娶二国舅帐（述

律平和萧岩母斤家族）女人为妻，当上皇帝后册封为皇后；二国舅帐男人娶皇帝公主及皇族女人为妻，拜驸马都尉，担任北府宰相等要职。

按照这一通婚游戏规则，辽太祖的妹妹余卢睹姑嫁给辽太祖母亲萧岩母斤家族萧实鲁（乙室已国舅帐）为妻，萧实鲁任北府宰相；辽太祖与述律平女儿质古嫁给述律平兄长萧室鲁之子屈列为妻，萧室鲁之女萧温嫁给辽太宗为皇后，生子耶律璟（即辽穆宗）；萧敌鲁之女萧氏嫁给辽太宗为第二任皇后，萧敌鲁为北府宰相；述律平胞弟萧阿古只（拔里氏国舅帐）之女萧撒葛只嫁给辽世宗为妃等等。

从上述婚姻中不难发现，这种婚姻是十足的政治婚姻，直接结果是：皇帝是二国舅帐的外甥，皇后是二国舅帐的女人。通过这种政治婚姻，将二国舅帐（述律平和萧岩母斤家族）与皇族（辽太祖家族）紧紧地捆绑在一起，两大政治集团（皇族和后族）共同执政。

辽太宗朝，二国舅帐（述律氏家族）已经发展成为辽廷中与耶律氏皇族不相上下的政治势力。为此辽太宗不得不对述律氏家族刮目相看，以母亲述律平诸兄弟家支为核心，对二国舅帐进行整合，至辽圣宗朝形成二国舅帐四房系。

拔里氏国舅帐分为大父房和少父房，其中，大父房以述律平兄长萧室鲁家支为核心，少父房以述律平胞弟萧阿古只家支为核心；乙室已氏国舅帐分为大翁帐和小翁帐，其中，大翁帐以述律平异父同母兄长萧敌鲁家支为核心，小翁帐以萧敌鲁族弟萧忽没里家支为核心。从中不难看出，四房中只有小翁帐与述律平没有血缘关系。

这二国舅帐四房又分为两大政治集团和四股政治派系，即以述律平家族为核心的拔里氏国舅帐政治集团和大父房、少父房两政治派系；以辽太祖母亲萧岩母斤家族为核心的乙室已氏国舅帐政治集团和大翁帐、小翁帐两政治派系。

这两大政治集团和四股政治派系，与皇族结为政治婚姻，共同执掌朝政。破坏了这种政治婚姻，便打破了辽廷的政治格局，注定又要展开一场政治博弈。

2．汉化改革

辽世宗打败祖母述律平和三叔李胡之后，还有一项很重要的事情在等着他，那就是安置原后晋官员。

辽太宗自汴京北返时，将原后晋朝中一些重要官员带在身边。这些人员因辽太宗病逝，辽廷皇位发生更迭而暂时滞留在镇州城中。辽世宗打败祖母和三叔稳定住局势后，命令这些人北上西楼皇都参加辽太宗葬礼。这些人中虽然有如冯道、李崧等人寻机逃归中原，但仍有一些人北上到了上京。

这些人原来在后晋甚至是后唐朝中为官，对于朝廷可谓是轻车熟路，可以说是辽太宗留给辽世宗丰厚的政治遗产。辽世宗自幼生活在东京辽阳，受父亲耶律倍及环境影响，从小就受到汉文化熏陶，确切地说是从小就接受了很好地汉文化教育，对于这些人的重要性心知肚明，自然是要给予重用的。那么，如何来安置这些人员呢？

对汉族知识分子的使用，契丹建国初期便有了一套行之有效的办法，那就是按照"因俗而治"方略，在中央一级设置汉儿司，从而形成契丹北、南面官双轨制雏形。契丹获取燕云十六州后，为了管理这一地区，辽太宗将汉儿司发展为汉人枢密院，并借鉴中原选人之制，在燕云地区开科取士，将大量的汉族知识分子吸纳到辽廷为官，从而进一步发展了契丹北、南面官双轨制度。契丹灭亡石晋后，如何来管理中原地区，自然也是契丹统治者必须要考虑的问题。

　　辽太宗进入汴京后，将石晋国号改为大辽，改元大同，将后晋首都汴梁东京降为开封府，升镇州（今河北省正定县）为中京，任命赵延寿和李崧为枢密使。这些举措反映了如下信息，一是在行政建制上，辽太宗套用燕云管理模式来管理中原，即以中京镇州为上京陪都，总理中原事务；二是在行政管理上，仍以汉人枢密院来管理汉人事务（包括燕云和中原）。

　　很显然，中原远比燕云地区大得多，也复杂得多。辽太宗简单地套用燕云管理模式来管理中原，只是权宜之策，即他还没有考虑好如何来管理中原。因此他在北返时将原晋朝的一些重要官员都带在身边，目的是回到南京或上京后再很好谋划如何管理中原。遗憾的是他没等回到南京或上京便病逝于途中，这一任务就落在了辽世宗的身上。

　　辽世宗将祖母和三叔囚禁起来时，中原实际上已经不为契丹所有。他不用再考虑如何管理中原的问题，只需要考虑如何安置原晋朝官员们。辽世宗从小就受父亲耶律倍的影响，非常推崇汉文化，因此借安置原后晋官员之机，对契丹政权体制进行了大胆的改革。一是将汉人枢密院发展为南枢密院（简称南院）；二是在契丹固有的北、南宰相府之上设置北枢密院（简称北院）。

北、南两枢密院的设置，标志着契丹北、南面官双轨体制正式形成（947年8月），同时也标志着契丹辽王朝中央集权体制正式建立。自此至辽亡，辽廷政权体制虽有过多次改革，但都是在北、南面官双轨框架下进行的。

枢密院制度始于唐代，兴于五代。契丹原来的政权体制中并没有枢密院，因此我们称耶律阮这次政权体制改革为汉化改革。

政权体制框架建立起来了，接下来自然就是用人安排，在这方面辽世宗仍然没有离开汉化思想。

按照一朝天子一朝臣的惯例，辽世宗自然是要组建自己的朝

廷班子的。这次用人安排涉及几个主要人员如下：耶律安抟以拥立首功出任北院枢密使，位居百官之首；高勋担任南院枢密使，位居南面官之首；北院大王耶律洼以功拜于越；韩延徽出任南府宰相；安端封明王主政东丹国；耶律刘哥为惕隐，管理皇族大内事务；耶律察割封泰宁王；耶律鲁不古（梁王信宁）拜于越、兵马大元帅、封梁王。

以上几人中，除高勋、韩延徽两汉人外，其他人员都是在辽世宗夺取皇位过程中功不可没，这显然是辽世

宗在论功行赏。这其中没有南院大王耶律吼的名字，并不是辽世宗没有赏赐他，而是他推辞没有接受，由此可以看出耶律吼的人品和德行。正因为此故，耶律吼被录为当世七贤之一。可惜的是，耶律吼在辽世宗即位的第三年（949 年）便病逝，时年只有 39 岁，辽世宗失去了一个有力的佐臂。

安排完朝廷班子后，接下来就是后宫了。在这方面，辽世宗把汉化思想发展到极限，册封了汉人甄氏为皇后。

甄氏原是后唐宫人，辽世宗在随辽太宗南下征伐时得之，爱其美艳，藏于帐中。从辽世宗即位皇帝时，甄氏已经为其生下一子名叫只没来看，甄氏是在辽太宗南下灭亡后唐扶持石敬瑭之役中被辽世宗俘入契丹的。当时辽世宗有可能率军随石敬瑭南下进入洛阳城，从而得到了甄氏（937 年）。

在册封甄氏为皇后的同时，辽世宗尊母亲萧氏为皇太后，将母亲家族从本部族中析分出来，升为国舅帐，史称国舅别帐。

辽世宗的母亲萧氏家族情况不详，但这个萧氏是当年谋杀于越释鲁（辽太祖三伯父）凶手之一萧台哂的族孙女，其家族受萧台哂案件牵连被贬为奴隶。

萧氏以奴隶身份为耶律倍生下耶律阮，可能有以下几种情况：

一是萧氏是耶律倍明媒正娶，是合法夫妻；二是两人私下媾和生子；三是萧氏嫁给耶律倍为妾。不论是哪种情况，其中有一点可以肯定，那就是萧氏虽然为耶律倍生下长子辽世宗及多个子女，但并没有被册封为太子妃。耶律倍正妃另有其人，那就是人皇王妃萧氏，此人在耶律倍浮海避居后唐后，主持东丹国政。

从萧台晒敢于谋杀于越释鲁及萧氏为耶律倍生下辽世宗及多个子女来看，这个家族并非一般的家族，而是有着强大的家族背景。应是拔里氏或乙室已氏部族中的某一家支（也不排除是二国舅帐族）与耶律氏保持着通婚关系。因此，辽世宗才敢将这个家族从奴隶地位提升为帐族，与以述律平家族为核心的二国舅帐并列为国舅帐族。

辽世宗将母亲家族提升为国舅帐族后，辽廷便有了三个国舅帐，即以述律平家族为核心的拔里氏国舅帐、以辽太祖母亲萧岩母斤家族为核心的乙室已氏国舅帐和以辽世宗母亲萧氏家族为核心的国舅别帐。不过，国舅别帐虽然是终辽一世辽廷中一支不可忽视的政治势力，但并没有产生过皇后，这显然与二国舅帐势力过于强大有关系。

从史籍记载来看，辽世宗的这些安排是在一两个月内完成的（947年8、9月间），效率是令人佩服的。但是，从这些举措来看，无不触及契丹显贵们的利益，且矛头直指皇族和二国舅帐。

客观地说，辽世宗设置北、南枢密院是对契丹辽王朝政权体制的一项重大改革，也是辽世宗对契丹国家的一大贡献。但是，北、南枢密院的设置，大量的汉族知识分子进入辽廷政权机构工作，无疑触及了契丹诸显贵们的既得利益，特别是北枢密院的设置，在很大程度上限制了北、南两宰相的权限。

北、南宰相府是契丹族固有的政权机构，北、南宰相为百官

之首，历来都是由契丹显贵来担任的。其中北府宰相都是由汗（皇）后之族来担任的，契丹建国后，此职便由二国舅帐四房的人来担任；南宰相多由乙室部人来担任，乙室部与迭刺部原来为一部，遥辇氏汗国建立初期一分为二。在诸弟叛乱过程，乙室部显贵因参与叛乱多被处死，辽太祖由此任命六弟苏担任南府宰相，自此南宰相一职基本上成为耶律氏皇族人的专利。如今在北、南宰相头上又多出一个婆婆——北院枢密使，他们当然是不满意了，而且还是很不满意。

从人员安排来看，安抟虽为孟父房（辽太祖二伯父严木家支）皇族人，但他在辽世宗即位前不过是一个侍卫，既无战功也无威信，且能力平平，这样的人一跃而成为百官之长，诸显贵们自然是不服；南枢密院虽然不管契丹人事务，但其与北枢密院并列，都为辽廷中央一级官衙，位在北、南宰相等诸官之上，汉人高勋来担任南院枢密使，契丹显贵们显然不会满意；韩延徽担任南府宰相，更是抢占了应该由耶律氏皇族人担任的职务，皇族显贵们当然不会买账。

按照皇族与二国舅帐的政治婚姻规则，辽世宗即位后，应该册封二国舅帐的妃子，即应该册封拔里氏国舅帐少父房的萧撒葛只（萧阿古只之女、述律平之侄女）为皇后，但他却册封了汉人甄氏为皇后，这当然是二国舅帐所不能接受的。辽世宗提升母亲一族为国舅别帐，显然有抗衡二国舅帐之意，从而使二国舅帐在后权竞争中又多了一个对手，二国舅帐自然也是不满意。

也就是说，辽世宗的改革也好，举措也罢，均触及到了契丹诸显贵特别是皇族和二国舅帐的既得利益，他们自然是不会无动于衷、任人摆布的，其中的代表人物就是萧翰、天德、刘哥。

3. 萧翰谋反

　　关于萧翰的身份，是目前学界探讨的一个话题。根据《辽史》记载，萧翰是萧敌鲁（述律平异父同母兄）之子。根据辽史研究资料，萧翰是萧阿古只（述律平胞弟，萧敌鲁异父同母弟）之子，过继给萧室鲁（述律平兄长）为子。据《契丹国志》，萧翰有妹嫁给辽太宗为皇后，生育二子，长子即辽穆宗。本书以《辽史》为准，即萧翰是萧敌鲁之子。

　　根据《辽史》和《契丹国志》记载，辽太宗有两个皇后。第一个皇后《辽史》有传，名叫萧温，述律平兄长萧室鲁之女，生辽穆宗耶律璟、太平王罨撒葛两兄弟，辽天显十年（935年）正月病逝。第二个皇后《辽史》无传，《辽史·辽太宗本纪》记载，辽天显八年（933年）七月，辽太宗"行纳后礼"，此时皇后萧温尚在世，而辽太宗却行纳后礼，有些不合常理。比较合理的解释是《辽史》记错了年份。有两种可能性，一是皇后萧温病逝时间有误，即她病逝于辽天显八年（933年）之前，如果是这样，则辽太宗嫡次子太平王罨撒葛（生于934年）为第二位皇后萧氏所生；

二是辽太宗行纳后礼时间有误，即将辽太宗在皇后萧温病逝（935年）后所行纳后礼误记为皇后萧温在世时。

不论是哪种情况，都改变不了这样的事实，即辽太宗有两位皇后。第一位是萧室鲁之女萧温，是萧翰的叔伯妹妹；第二位皇后是萧敌鲁之女，是萧翰的亲妹妹。

也就是说，萧翰是二国舅帐在辽太宗朝的重量级人物，被称为国舅。正因为此故，辽太宗在汴梁北返时，任命萧翰为汴梁节度使，总理汴梁事务。

萧翰作为二国舅帐的代表人物，在皇位继承问题上不仅有发言权，而且说话还很占地位。因此，当他得到辽世宗在镇州即位的消息后，就再也坐不住了，随便找了个借口便起身北上，终于在潢河渡口追上辽世宗，并助其打败了姑母述律平。

辽世宗在论功行赏时，自然也没有忘记萧翰，将自己的妹妹阿不里嫁给他为妻，但萧翰并没有买账。他对辽世宗提升母亲一族为国舅别帐及撇开自己的妹妹撒葛只（萧阿古只之女，萧翰叔伯妹妹）而册封汉人甄氏为皇后极为不满，遂与皇族耶律天德、耶律刘哥、耶律盆都组成反皇集团，接连向辽世宗的皇权发起了挑战。

耶律天德是辽太宗与宫人所生，在诸皇子中排行老大，懂军事，能打仗，随父皇辽太宗参加了伐晋战争，并立有战功。辽太宗病逝镇州城外时，天德也在军中，但因是庶生子之故，并没有什么发言权。辽世宗即位后，天德受命护送父皇辽太宗尸体先行回上京，又受祖母述律平之命随三叔李胡南下讨伐辽世宗。兵败之后，述律平以天德没有阻止辽世宗即位及南下讨伐辽世宗时没有尽力不再搭理他，而辽世宗胜出后，也因天德曾随李胡南下讨伐自己，而把他撒在了一边。天德两头受气，心里很是不平衡，于是与萧翰联合起来想推翻辽世宗的皇位。

耶律刘哥因帮助辽世宗打败述律平母子有功被提升为大内惕隐，管理皇族事务。但他并没有满足，对辽世宗重用汉臣心里很是不满，与萧翰、天德等联合起来，想推翻辽世宗的皇位，以图谋更大的政治利益。

耶律盆都是刘哥之弟，凶狠残忍，长了一身蛇皮，因与兄长刘哥帮助辽世宗打败述律平母子有功被提升为皮室军（契丹精锐骑兵）详稳。但他与兄长刘哥一样并不满足，与兄长一起与萧翰、天德等人联合起来想推翻辽世宗的皇位。

萧翰等人结成反皇集团后，开始预谋推翻辽世宗的皇位。可世上没有不透风的墙，他们的活动被一个叫耶律石剌的人得知，并禀告给耶律屋质。

屋质在促成"横渡之约"回到上京后，或是参与了述律平和李胡再次图谋皇位事件，或是受述律平母子牵连被逮捕下于狱中。过了一段时间后，辽世宗或许是念及其功劳，就又把他放了出来，但并没有给予重用。

屋质并没有记恨辽世宗将自己逮捕入狱，而是从大局着想，立即带着耶律石剌进宫将萧翰等人谋反的消息告诉了辽世宗，辽世宗下令将萧翰等人逮捕入狱。

萧翰、刘哥、盆都三人只是在暗中活动谋反，并没有什么实际行动，于是就死不认账，并把罪责都推到天德身上。

辽世宗并没有把萧翰等人的谋反事件太放在心上，或许在他看来，祖母和三叔都败在自己手下，这几个人又能成什么气候？见萧翰等人死不认账，就把对自己皇位有威胁的天德关在监狱里，而把萧翰等都无罪释放。

萧翰、刘哥等人虚惊一场，自然不会善罢甘休，甚至图谋刺

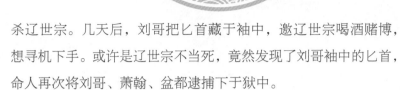

杀辽世宗。几天后，刘哥把匕首藏于袖中，邀辽世宗喝酒赌博，想寻机下手。或许是辽世宗不当死，竟然发现了刘哥袖中的匕首，命人再次将刘哥、萧翰、盆都逮捕下于狱中。

这次人赃俱获，萧翰、刘哥等人的谋反案件完全可以定案了。但是，刘哥没有形成行刺事实，便就又死不认账。辽世宗就又犹豫起来，没有及时处理。不仅如此，过了几天，辽世宗的赌瘾又犯了，竟然让刘哥带着枷锁与自己赌博。几局过后，赌瘾有些过了，他便又问刘哥是否真的想谋反，刘哥自然是把脑袋摇得跟拨浪鼓一样，并发誓说如果自己想谋反，就头上长千顶疮而死。辽世宗见刘哥发此毒誓，便又想将他释放。

屋质得到消息后，立即进宫劝阻，并建议让刘哥等人与耶律石剌对质，以斟酌事件的真伪。

辽世宗虽然对刘哥图谋推翻自己皇位事件持怀疑态度，但对其袖藏匕首还是很警惕的，于是让屋质审理此案。

屋质很快就把案件审理清楚，萧翰、天德、刘哥等人在铁证面前，不得不俯首认罪。但是，辽世宗在处理这起案件时，却非常随意。只是将天德处死，刘哥发配到乌古部，盆都被罚出使辖戛斯国（今贝加尔湖西面），萧翰则只是杖打一顿释放。

辽世宗如此处理这起谋反案件，有如当年辽太祖处理诸弟谋反案件，显示了他做为人君所具有的容人之度量及宽厚仁慈的性格。但是，萧翰等人并没有悔改，更没有买账。

刘哥被发配到乌古部后果然得千顶疮而死，算是得了报应（因曾发过毒誓）；盆都出使辖戛斯国回来后，又与察割联合起来发动叛乱，最终将辽世宗杀死；萧翰根本就没有停手，又与妻子阿不里（耶律阮之妹）写信给安端，联系其一起图谋推翻辽世宗的皇位。

安端因帮助辽世宗打败述律平母子，被晋封为明王主政东丹国。他是否参加了萧翰等人谋反案件，史籍没有明确记载。但萧翰写信联系他一起谋反，说明安端与萧翰不仅关系密切，而且有可能曾在一起议论过辽世宗的不是，或曾表示过对辽世宗不满。

萧翰与妻子阿不里写给安端的信又被屋质得到送给了辽世宗。辽世宗这次没有手软，将萧翰斩首，妹妹囚死于狱中（949年正月）。

萧翰谋反活动历时三年（947年8月至949年4、5月间）。这期间，平叛成为辽世宗的第一要务。但是，萧翰等人伏诛后，

辽廷争夺皇权的斗争并没有结束，辽世宗也最终倒在政治斗争的血泊中。

4. 图谋南征

辽世宗即位时，中原的大部分藩镇还掌握在契丹人手中，因此他始终在想着中原的事情。待处理完萧翰等人谋反案件后，便把目光投向了中原，而此时中原已经不为契丹所有。契丹失去中原有两个标志性人物，一个是萧翰，一个是耶律拔里得。

辽太宗从汴梁北返时，任命萧翰为宣武军节度使，主政汴京事务，实际上就是主政契丹在黄河以南事务。但是萧翰并没有认真履职，而是将原石晋皇宫中女人抢为自己所有，在汴梁城里享起乐来。当辽太宗病逝、辽世宗即位、刘知远率军从太原前来攻打汴梁的消息传来后，他在汴梁城里就坐不住了，想弃汴北返。可当时中原反辽浪潮风起云涌，汴梁城内外也有反辽活动，如果公开从汴梁城撤走，必然会引起混乱，到时恐怕难以全身而退。思来想去，他想到了一个金蝉脱壳之策。萧翰派人到洛阳把后唐明宗李嗣源的儿子李从益"请"到汴梁，假托新皇帝辽世宗召自己到镇州议事，任命李从益为皇帝主政南朝军政事务，并煞有介事地为李从益举行了皇帝即位仪式，然后由"新皇帝"李从益率领"百官"将其送出汴京。萧翰就这样"风光"地逃离了汴京城。

萧翰离汴北返标志着契丹失去了汴梁及黄河以南地区（947年5月）。

耶律拔里得是辽太祖二弟剌葛之子，与鲁不古（梁王信宁，帮助辽世宗囚禁述律平母子之人）为同胞兄弟，他贪婪残忍，凶狠好杀。他率本部兵马参加了辽兵南下伐晋战争，因残忍凶狠，杀人不眨眼，在中原留有恶名，被称为"麻答"。辽太宗灭晋进入汴京后，拔里得被任命为安国军节度使（治所在今河北邢台），镇守黄河北岸。辽世宗北上与祖母述律平争夺皇权，拔里得被任命为中京留守，接替赵延寿主政镇州，实际上就是主政黄河以北军政事务。萧翰北返后，契丹只踞有黄河以北，拔里得实际上是辽世宗北返后契丹在中原的最高领导人。当时刘知远已经进入汴京，开始派兵收复河北诸藩镇。拔里得作为契丹在中原的最高领导人，具有守城之责。但他并没有认真履行职责，而是贪婪好色，嗜杀成性，穿着后晋皇帝的"龙袍"，任命了宰相等一干官员，出行坐着"龙辇"，享起中原"皇帝"的福来，把镇州城搞得乌烟瘴气，不断有反辽事件发生。辽世宗打败祖母述律平，为辽太宗举行葬礼，命滞留于镇州城中的冯道、李崧等原石晋官员北上参加葬礼，镇州城中汉军乘机哗变。经过一阵激战，拔里得败出镇州城，逃到定州（今河北定县）又滞留数月，见中原已经不可留，便放火焚烧了定州城，大掠一番后逃回契丹（948 年 3 月）。拔里得从定州逃回契丹标志着契丹彻底失去中原。

辽世宗早就听说了拔里得在中原的所作所为，见面后便责备了他几句。不料拔里得根本不买辽世宗的账，说契丹失去中原都是因为辽世宗重用汉人的结果，把失去中原的责任全部推到辽世宗的身上。辽世宗一怒之下，赐毒酒一碗，将拔里得鸩杀。

萧翰、耶律拔里得相继逃回契丹，中原遂被刘知远的后汉政权所有。

刘知远不费吹灰之力便进入汴京城，将萧翰所立"皇帝"李从益一脚踢开，自己坐到中原龙椅上，改国号为汉（947 年 6 月），史称后汉，即五代中的第四个朝代。

刘知远是一个短命皇帝，在汴京城里只坐了半年龙椅便病逝

（948年1月）。其18岁的儿子刘承祐继承后汉帝位，后汉政权也由此被权臣们所把持，进入权力倾轧时间段。不过，后汉政权更迭，并没有影响其对河北诸藩镇的收复，耶律拔里得逃回契丹后，中原诸藩镇遂全部归附后汉政权。

辽世宗处理完萧翰谋反案件，把目光投向中原时（949年正月），刘承祐又长了两岁，随着年龄的增长，他与权臣们的矛盾也逐渐突显出来。应当说，这个时候契丹出兵南征中原，也还是有机会的。但是，后汉皇帝与权臣们有矛盾，契丹皇帝耶律阮与诸部酋长们的关系也不和谐。

客观地说，辽世宗是被两方面力量推上皇位的。一是诸部酋长，他们反对述律平立李胡为皇帝，又害怕由此遭到述律平诛杀，因此才选择辽世宗为皇帝；二是20年前被述律平诛杀的大臣们的子孙，他们想利用辽世宗打击述律平，以报祖父辈被杀之仇。

也就是说，辽世宗并不是皇帝的理想人选，而是作为诸部酋长及有关人员抗衡和打击述律平的工具而被推上皇位的。当述律平母子被打败囚于祖陵，目标实现之后，其中一部分人自然是另有所图的，不仅不会再围绕着辽世宗的指挥棒转，相反还有可能成为辽世宗施政的阻力。另外，辽世宗的汉化改革触及了一部分契丹显贵的既得利益，这部分人肯定也是对辽世宗心存不满，从而造成辽世宗的政令很难畅通。因此，当辽世宗处理完萧翰谋反案件，召开诸部酋长及有关臣僚会议，研究出兵中原事务时，受到了很大的阻力，其中最大的阻力便来自于二国舅帐。

上文已经叙及契丹建国伊始便形成了皇族与二国舅帐共同执政的政治格局，这两种政治势力既互相掣肘，又相互作用，其纽带是政治婚姻，破坏了政治婚姻，便打破了辽廷的政治格局，注定又要展开一场政治博弈。辽世宗即位皇帝后，将二国舅帐少父

戈佐列併列奈先列伐□省立

苑非身月廿六日寺□来行□

安介尘吞此先已此□朴九□

今佐扎百五弟来□□死□□

貝荼州在死元□介古州寸行

先死分疾死省□中□□□炎□

交□列安州介幺美先□□子□

房的妃子萧撒葛只撇开，册封汉人甄氏为皇后，显然是破坏了皇族与二国舅帐的政治婚姻规则，这当然是二国舅帐所不能接受的。

述律平虽然被囚于祖陵，萧翰虽然被诛，但二国舅帐的势力仍然存在，也仍然是契丹政坛一支强大的政治势力。他们有可能不再图谋推翻辽世宗的皇位，但完全可以左右皇帝施政。也就是说，如果辽世宗不改善与二国舅帐的关系，那他的政令就很难畅通，而改善的标志就是册封二国舅帐女人为皇后。

辽世宗将祖母述律平囚于祖陵，又刚刚平定了萧翰谋反案件，自然是不会轻易地向二国舅帐做出让步的。不过，契丹皇帝与中原皇帝不同，权力并不是至高无上的，一些重大决策，特别是像举兵出征这样的大事，需要召开诸部酋长会议共同研究决定，如果诸部酋长不同意，皇帝也没有权力擅自举兵出征。因此，当一些酋长特别是二国舅帐对出兵南下持反对意见时，辽世宗也不能强行举兵南下。但是，中原毕竟是从辽世宗手上失去的，他对此也是耿耿于怀，总想着重新夺回中原。所以他在此后的两年间，或亲自率兵，或派小股兵力对中原采取骚扰之策，以宣示契丹对中原的主权关系（因契丹灭亡石晋后，将石晋国号改为大辽，即将中原纳入契丹管理范围）。

这期间，辽兵有两次较大规模的南下抢掠行动，或许是历史的巧合，辽兵的这两次抢掠，对后汉政权乃至中国历史都产生了深远的影响。

辽天禄三年（949年）十月，即辽世宗处理完萧翰谋反案件数月后，派兵南下深入到河北贝州、魏博等地，烧杀抢掠，后汉诸藩镇节度使、刺史等都紧闭城门，不敢与辽兵接战，造成后汉朝廷的极大震动。后汉皇帝刘承祐不得不派宰相郭威亲自率兵到魏博坐镇防御契丹。从此，郭威以宰相兼藩镇节度使，集将相于一身，

为后汉政权的灭亡埋下了伏笔。

辽天禄四年（950年）十月，辽世宗亲自率兵南下抢掠，攻破安平、内丘、束鹿等河北诸城池。就是在辽兵这次抢掠期间，后汉皇帝刘承祐想独揽朝政诛杀权臣，当时坐镇魏博的郭威也在被杀的名单中。郭威得到消息后，遂以清君侧为名，率大军南下汴京，代后汉建立了后周政权。

辽世宗在对中原采取骚扰之策的同时，自然也在考虑如何才能说服诸部酋长同意出兵南伐中原。考虑来考虑去，最终还是对二国舅帐做出了妥协，将汉人皇后甄氏降为贵妃，册封拔里氏国舅帐少父房的萧撒葛只为皇后（950年）。辽世宗做出这样的决定，既与二国舅帐的压力有关，也与撒葛只生下皇子有关。

辽天禄二年（948年）七月，撒葛只生下皇子耶律贤即后来的辽景宗。关于耶律贤生母，史籍有着不同的记载，《契丹国志》

记载汉人皇后甄氏为辽世宗生六子，耶律贤为长子。《辽史》记载辽世宗有三子，甄氏生一子名叫只没，撒葛只生两子，长子吼阿不早殁，次子即耶律贤。从史籍记载辽世宗诸子的情况来看，应当以《辽史》记载为准，即耶律贤应是撒葛只所生。

立储历来是皇家大事，辽世宗即位皇帝后自然也要考虑皇储问题。按照正常的立储原则，皇后的儿子即嫡子才有资格被立为皇储。也就是说，甄氏的儿子只没应当立为皇储，但甄氏为汉人，在契丹没有娘家人，即只没在契丹没有舅族，这在以皇族与二国舅帐族联合执政的契丹政坛来说，显然是行不通的。进一步来说，如果将甄氏的儿子只没立为皇储，那么他将来能否继承皇位，或当上皇帝后能否坐稳龙椅都要打一个大大的问号。相反，立撒葛只所生耶律贤为皇储，不仅符合皇族与二国舅帐联合执政的要求，而且也满足了二国舅帐的政治欲望。更主要的是，撒葛只生下皇子后，拔里氏国舅帐少父房自然也是极力想把这个外甥立为皇储，将来能够继承大统，因此肯定也会给辽世宗施加更大的压力，逼其废掉甄氏册封撒葛只为皇后。辽世宗在二国舅帐的强大压力下，考虑到皇位的传承问题，最终还是决定废掉甄氏册封撒葛只为皇后。

总之，辽世宗在废掉甄氏册封撒葛只为皇后后，缓解了与二国舅帐的紧张关系，从而排除了举兵南征的主要阻力，而此时中原局势的变化，也为契丹出兵南下提供了机会。

刘知远病逝时，曾托付四个托孤大臣辅佐儿子刘承祐执政。这四个托孤大臣也就成为后汉朝中权臣，争权夺利，相互倾轧。这四人各分管一摊工作，其中郭威分管军事。

郭威，河北邢州人，生于904年，本姓常，自幼丧父，随母嫁于郭氏，因此改姓郭。郭威先从石敬瑭，后隶刘知远，凭着智谋和一身勇力，在军中崭露头角，成为刘知远的得力谋臣。辽太宗灭亡石晋入主汴京后，就是郭威建议刘知远在太原称帝进而入主汴京，刘知远病逝时又委其为托孤四大臣之一。刘承祐继承皇位后，郭威被提升为枢密使（宰相之一），成为后汉朝中权臣，分管军事，在权力倾轧中逐渐占得上风。

辽天禄四年（950年）九、十月间，也就是辽世宗亲自率兵抢掠安平、内丘、束鹿等河北诸镇的同时，后汉皇帝刘承祐为了摆脱权臣的控制，开始诛杀权臣，郭威也在被杀之列。时郭威正在河北防御辽兵，得到消息后立即召集部将商量对策。大家对皇帝刘承祐屠杀大臣的行为都极为愤怒，建议郭威率兵南下取而代之。郭威于是以清君侧为名，率兵杀向汴京。

汴京城官军民得到郭威率兵来攻汴京的消息后，立即大乱起来，皇帝刘承祐更是吓得没了主意，在逃命途中被乱军所杀，郭威于是顺顺当当地进入汴京城。

郭威老谋深算，知道自己身份低微，如果马上即位皇帝，恐怕众人不服，于是就又玩了一个把戏。他先是选择刘崇（刘知远同母弟）的儿子刘赟为新皇帝，并命人准备新皇帝登基仪式，然后又假造辽兵抢掠河北的消息，自己率军北上御敌。当走到澶州时，将士们忽然鼓噪起来，撕开一面黄旗，披在郭威的身上。郭威这才"不得已"在众人簇拥下回到汴京城坐到龙椅上。

后汉自刘知远建国至刘承祐，历4年2帝，被郭威所代。

郭威自认是周朝后人，建国号周（951年1月），史称后周，后周也是中国五代中最后一个朝代。

郭威代后汉建后周，气坏了一个人，那就是刘崇。

刘崇是刘知远的弟弟，太原人，出生于895年，刘知远在太原起兵南下入汴时，刘崇出任太原留守，主政河东军政事务。刘承祐继承皇位后，朝中大权落入郭威等权臣之手，刘崇就已经预感到后汉政权的危机，于是暗地里招兵买马，积蓄力量，开始为局变做准备。

郭威代后汉建立后周，刘崇不禁恼怒，半月后也在太原称帝（951年1月16日），改名为刘旻，仍以汉为国号。因历史上有西汉、东汉、南汉（五代十国之一，后被宋所灭），因此，史称刘崇所建汉国为北汉。北汉也是十国中最后一个建立的割据政权。

刘崇在太原称帝后，派兵攻打郭威，可几次出兵都失败而归，这使他想起了北方的契丹，于是派人到契丹请求外援。

辽世宗正在图谋重新获取中原，见到刘崇的信使后，不禁想起了当年辽太宗扶持石敬瑭的故事。于是心生一计，没有立即答应刘崇的请求，而是派人到太原面见刘崇，并捏造郭威的后周政权已答应每年向大辽输贡十万缗的信息，辽不能

派兵援助北汉，除非两国结为父子之国。

　　刘崇为了结契丹为外援，只好答应了辽世宗的条件。不过，他并没有称比自己小 23 岁的辽世宗为"父皇帝"，而称其为"叔皇帝"，自称"侄皇帝"。

　　辽世宗并没有在乎刘崇称自己为"父皇帝"还是"叔皇帝"，立即派人到太原册封刘崇为"大汉神武皇帝"，与北汉结成了叔侄之国（951 年 6 月），双方约定了时间，一起出兵攻打后周。

　　辽世宗终于如愿以偿，可以举兵南征中原了。但是，就在这时有一个人向他举起了屠刀，这个人就是耶律察割。

5. 火神淀之乱

耶律察割是辽太祖五弟安端之子，面善而心狠，给人一种懦弱的表象。不过，辽太祖一眼就看透了察割的真实面目："此凶顽，非懦也。"有一次安端派察割向辽太祖汇报情况，待其离开后，辽太祖特意嘱咐侍卫："此子目若风驼，面有反相，朕若独居，无令入门。"辽太祖对察割有如此评语，辽太宗自然也没有任用他。因此，察割在太祖、太宗两朝并没有什么职任，而是跟随在父亲安端身边打杂。

辽太宗病逝于中原镇州城外，辽世宗即位于军中，与祖母三叔争夺皇权，安端作为耶律氏皇族中唯一男性老字辈必须要有所表态，或支持堂孙辽世宗，或支持大嫂述律平。察割因建议父亲安端支持辽世宗押对了宝，以功被封为泰宁王，但并没有担任什么官职，仍然跟随在父亲身边。萧翰被诛时，察割随父在西南边境戍守。

俗话说，江山易改，禀性难移。察割天生一副反相，注定是一个叛乱之徒。他在太祖、太宗两朝没有什么职任，就是想造反夺权也没有机会。更主要的是，太祖、太宗都是优秀皇帝，人中之龙，他就是想造反也没有那个胆。辽世宗即位后打击二国舅帐、提拔舅族、重用汉人，从而引起诸显贵们不满，皇帝与诸酋长、诸臣僚关系紧张，察割从中看到了谋取皇权的机会，心有所动。不过，察割本是奸佞之人，见萧翰、天德、刘哥等人结成反皇集团，预谋推翻辽世宗的皇位，便隐而不动，静观局势。当萧翰被诛杀后，察割觉得出手的机会来了，这才开始行动，预谋夺取皇权。

按照皇位世袭原则，只有辽太祖子孙才能够继承皇位，辽太祖诸弟及其子孙并不在皇权继承范围内，安端、察割父子当然也不例外。那么，察割为什么敢于谋取皇位呢？这显然与辽世宗有关系。

辽世宗虽然是以太宗皇帝侄子身份继承皇位的，但他毕竟是辽太祖嫡孙，也有皇位继承权，夺取皇权无可非议。但是，他在夺取皇位后，册封了辽太祖二弟剌葛之子鲁不古（梁王信宁）为兵马大元帅，这个职务只有皇储才能担任。辽世宗是否真心想将皇位传给鲁不古不得而知，但他的行为却发出了一个错误的信号，那就是辽太祖诸弟及子孙们也可以继承皇位，安端父子当然也在其中，这或许就是察割图谋皇权的真正动因。

察割随父远在西南边境戍边，手中既无权力也没有兵力，要把皇权弄到手谈何容易？为此，察割制定了一个两步走计划，先升官掌权到皇帝身边工作，然后再谋取皇权。

为了实现第一步计划，察割经常写信或暗中派人向辽世宗打父亲安端的小报告，把父亲每天的活动，包括吃什么饭、与什么人接触等都报告给辽世宗，以表忠心。

察割之所以向辽世宗打父亲的小报告，可能有两方面因素，一是安端是辽世宗重点防范的人物。从萧翰写信联系安端一起谋反来看，安端显然也不是一个安分守己的人，对皇位也有觊觎之心，因此是辽世宗需要防范的对象，亦因此察割才以打父亲的小报告来博得辽世宗的信任。二是安端父子演的一出双簧戏，即安端知道自己是辽世宗防范的人物，故意让儿子出卖自己，以此来博得辽世宗的信任。

总之，察割向辽世宗打了一阵子父亲的小报告后，又写信给辽世宗说，自己因为向皇帝汇报父亲的情况，受到父亲的责罚，父子两人关系破裂，自己想到皇帝身边工作，以便天天孝敬皇帝。这一招果然感动了辽世宗，召见了察割。

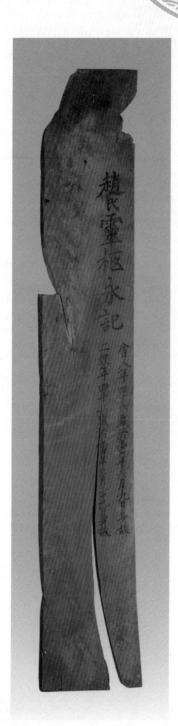

察割见到辽世宗后，没等说话先哭了起来，而且是哭得悲悲戚戚，辽世宗再次被感动，将其调到身边（950年2月），担任女石烈军首领。

女石烈军属于辽世宗斡鲁朵的一支护卫军队，负责辽世宗的日常护卫。这样一来，察割不仅调到皇帝身边工作，而且还掌握了皇帝的一支护卫军队，于是开始实施第二步计划——夺取皇权。

察割担任了皇帝护卫军首领，从而得以自由出入皇帝禁宫，能够经常见到皇帝，自然也就有了夺取皇权的机会。不过，为了把握起见，察割对谋权方案进行了多方考察。每次辽世宗出去打猎时，察割都诈称手腕子坏了，不拿弓箭，只拿着一个链子锤，骑马在辽世宗身前马后跑来跑去，声称是在保卫皇帝安全，实是在考察谋反方案。他发现自己的庐帐距离皇帝的大帐有些远，不利于行动，于是就偷偷地把自己的庐帐一点一点地挪近皇帝大帐，为谋反作准备。

俗话说，要想人不知，除非己莫为。察割图谋不轨的行为，还是

被人发现了，这个人就是屋质。

屋质因在平定萧翰谋反案件中立下首功，被提升为右皮室军（皇帝亲军）详稳，担任辽世宗的警卫。

按照皇帝出行制度，皇帝出行大帐扎下后，各部酋长、各级官员、护卫部队等行帐都有一定的安置地点，察割的女石烈军属于辽世宗斡鲁朵护卫军并非亲军，行营安置地点距离皇帝大帐较远。屋质发现察割把自己的庐帐一点一点地挪近皇帝大帐，显然是有不轨行为，于是就把这一情况报告给了辽世宗。

不料，辽世宗如同当年听到屋质向他报告刘哥谋反情况时的反应一样，根本就不相信，认为这不可能。不仅如此，他还把屋质的话告诉了察割。察割的反应与刘哥当年的反应也如出一辙，一把鼻涕一把泪地表示自己的冤屈和忠心，辽世宗见察割哭得如此真切，安慰他一番后，便把此事放在一边。

其实，察割不轨之心，并非屋质一人看得出来，朝中有些大臣也都看在眼里。有一次辽世宗与近侍大臣喝酒，时任北府宰相萧塔剌葛仗着自己是世宗皇帝的娘舅和酒劲，上前抓住察割的耳朵，端起一碗酒说道："皇上本来就知道你奸佞狠毒，因为你是皇亲国戚，才怜悯你，让你随在左右，你也不好好想一想，你能干什么？如果再继续行恶事，就是自寻灭族之祸。"说完，强行让察割把一碗酒喝净。

由此看来，察割的不轨之心，朝中一些大臣都看在眼里，只是皇帝辽世宗视而不见罢了。

察割见辽世宗没有怀疑自己，便加快了谋反步伐。屋质见状，又多次提醒辽世宗注意防范察割，而辽世宗竟然反过来安慰屋质说："察割舍父事我，可保无别的目的。"

屋质则一语道破察割的真实面目："察割对亲生父亲都不孝，对君怎么能忠呢？"

这话应该说是说到家了，一个连自己的亲生父亲都不孝的人，怎么会忠于别人呢？

但是，此时的辽世宗已经是忠奸不分了，把屋质的劝告当成耳旁风，对察割仍然宠信如故。就这样，察割一直跟随在耶律阮身边，也一直在寻找夺取皇位的机会。

辽天禄五年（951 年）六月，辽世宗派高勋等到太原去册封刘崇为"大汉神武皇帝"，双方结成叔侄之国，然后率领诸部酋长及有关臣僚来到百泉湖（今内蒙古呼和浩特市境内），一边避暑游猎，一边等待高勋与北汉商量双方出兵攻打后周的消息。

察割觉得有机可乘，便准备动手。不过，或许是侍卫们警戒森严，或许是辽世宗的命不该绝，总之，辽世宗在百泉湖一个多月的时间里，察割几次想动手都没有成功。

就在察割还在寻找动手机会的时候，高勋从北汉回来，带回了辽与北汉联合攻打后周的具体时间，辽世宗于是召开诸部酋长

会议，商议出兵事宜。

由于辽世宗改善了与二国舅帐的关系，因此举兵南征的阻力并不是很大，但仍有个别酋长不同意出兵，辽世宗于是找到察割商量办法。

察割正在寻找动手的机会，于是就怂恿辽世宗动用皇帝特权，强行命令诸部酋长率兵南征，以此激化辽世宗与诸部酋长的矛盾，以便寻机动手。

辽世宗自然是不知道察割的真正用意，于是便强行命令诸部酋长，调集本部兵马到归化州（今河北省宣化市）祥古山火神淀集合准备南征。

辽世宗下达完南征命令后，从百泉湖起程，带领诸部酋长、诸王及大臣提前来到火神淀。扎下大帐后，首先与母亲萧氏、皇后撒葛只、贵妃甄氏等祭祀了父亲人皇王耶律倍亡灵，祈求人皇王在天之灵保佑南征大捷。然后设宴与诸部酋长、诸王及大臣一起饮酒。从上午一直喝到黄昏，不知不觉中都喝得酩酊大醉，有的就地而卧，有的回到寝帐大睡，辽世宗则被侍卫扶到寝帐休息。

察割没有喝酒，始终在注视着喝酒的场面，见辽世宗与诸部酋长、王爷及大臣都喝得酩酊大醉，而诸部兵马还没有到齐，正是自己下手的好机会，便趁夜色来到寿安王耶律璟行帐，想拉其入伙，一同起兵夺取皇位。

察割拉耶律璟一起谋反，并非想拥立其为皇帝，而是有自己的打算。一方面，耶律璟的皇位被辽世宗抢去，肯定是心生怨恨，一拉就能过来；一方面，察割毕竟是太祖皇帝的侄子，并没有当皇帝的资格，起兵夺权属于叛逆，得不到大多数人的拥护，借助耶律璟之名来夺取皇位，则能够得到更多人的响应，待事情成功之后，在以谋逆之名将耶律璟除掉，这样就会一举除掉两个对手（耶

律阮和耶律璟）。

耶律璟虽然被辽世宗抢了皇位，但并不想参与叛乱事件，因此拒绝了察割的要求。

察割被耶律璟拒绝后，并没有死心，又打马来到盆都行帐。

盆都与天德、刘哥谋反失败后，被罚出使辖戛斯国（位于贝加尔湖西边），回来后不但没有悔改，反而对辽世宗更加怀恨在心，当察割找到他时，两人一拍即合，率领各自人马杀向辽世宗及诸王行帐。

辽世宗或许正在寝帐中酣睡，或许得到叛乱消息没来得及反抗，或许进行了反抗。总之，辽世宗在这次叛乱中被察割所杀。

辽世宗当了 4 年又 5 个月皇帝，被杀时 34 岁，葬于辽显陵（今辽宁省北镇市医巫闾山），庙号世宗。

SHUI WANG ZHI ZHENG

第五章 睡王执政

天禄五年秋九月癸亥，世宗遇害。逆臣察割伏诛。丁卯，即皇帝位，群臣上尊号曰天顺皇帝，改元应历。

《辽史》

1. 平叛即位

察割杀死世宗皇帝后，又指挥叛兵杀向皇太后、诸酋长、诸王行帐。当时诸酋长和王公大臣们大多都在酣睡，有的被乱惊醒不知所措，有的酒还没有醒便被乱军抓了起来。不过，当时有一个人非常清醒，那就是屋质。

屋质并没有因为世宗皇帝不听自己的忠告，就放松了对察割的防范，而是暗中注视着察割的行动。察割与盆都起兵叛乱后，屋质一面组织人马平叛，一面派自己的弟弟耶律冲找到耶律璟一起商量平叛事宜。

耶律璟是太宗皇帝嫡长子，自然就是父皇之后皇位第一顺位继承人，但在太宗皇帝病逝后，他这个应当继承皇位的人，却成了世宗皇帝与李胡争夺皇位的看客。即便如此，耶律璟对失去皇位并没有放在心上，甚至是对皇位不感兴趣，因此当舅舅萧翰、

兄长天德、堂叔刘哥、盆都组成反皇集团，图谋推翻世宗皇帝皇位时，耶律璟并没有参与其中。

耶律璟如此看淡皇位，并非完全出于不恋皇权之故，有可能与他的性格有关系。

从史籍记载来看，耶律璟性格孤僻冷漠，嗜酒喜猎，残忍好杀，不恋皇权。这一方面与他4岁丧母失去母爱有关系；一方面可能与他的生理缺陷阳痿有关系。

耶律璟是否阳痿，《辽史》《契丹国志》没有明确记载，但他没有生育子女确是史实。据《契丹国志》记载，耶律璟体质虚弱，对女人不感兴趣，为寿安王时，太后述律平为他纳妃，他以身体有病推辞。即位之后，群臣曾多次建议他多纳妃子以传承子嗣，他也置之不理。身边佣人、左右近侍全部为太监。《辽史》记载，耶律璟即位皇帝后，曾找一个叫萧古的女巫为他配置延年益寿药方。其时耶律璟才20岁，且刚刚当上皇帝，就寻求长生不老似乎不合常理，最大的可能是耶律璟在让女巫治疗阳痿病。

综合有关史料，耶律璟有可能是天生阳痿。如果果真如此，那耶律璟对女人不感兴趣，对皇位也不感兴趣，而是喜欢喝酒打

猎就可以解释通了。

总之，耶律璟对皇位并不十分感兴趣，因此当察割找到他一起谋反夺取皇位时，他不仅拒绝了，而且还骑马跑到山里躲藏起来。

当屋质派弟弟耶律冲找到耶律璟，劝他率军平叛时，耶律璟仍然犹豫不决，不想参加平叛。

屋质劝道："大王（耶律璟）你是太宗皇帝的嫡子，叛党岂容得下你？群臣将事奉谁，社稷将依赖谁？如果察割等人得手，大王后悔就晚了。"

耶律璟听了屋质的话，这才如梦方醒，下令诸王率军平叛。

由于察割等人是在夜晚发动的叛乱，时酋长、诸王大多都在酒醉酣睡，除有些人被叛军抓起来外，有的被惊醒不知所措，有的酒醒持观望态度，当得到耶律璟和屋质率兵平叛的消息后，遂率军参加平叛。

察割杀死世宗皇帝后，又杀死皇太后萧氏、贵妃甄氏，囚禁皇后萧散葛只，觉得事情已经成功，于是将被抓的大臣们集中起

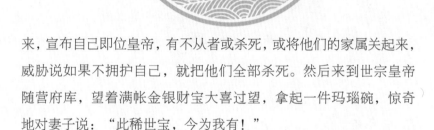

来，宣布自己即位皇帝，有不从者或杀死，或将他们的家属关起来，威胁说如果不拥护自己，就把他们全部杀死。然后来到世宗皇帝随营府库，望着满帐金银财宝大喜过望，拿起一件玛瑙碗，惊奇地对妻子说："此稀世宝，今为我有！"

察割妻子不知何许人也，却是一个明白人，对察割说："寿安王耶律璟、屋质尚在，吾属无噍类，此物何益！"意思是说，寿安王耶律璟、屋质还在，我们能否活命还说不准，要这个碗有什么用？

察割不以为然地说道，寿安王尚幼，屋质手中也没有多少兵力，等到天亮，他们就会来朝见我。话没等说完，有人来报，寿安王耶律璟和屋质率军包围了大帐。

察割闻报，立即下令将皇后萧撒葛只杀死，然后冲出大帐。

皇后撒葛只（辽景宗生母）刚刚生下女儿撒剌便发生了察割叛乱，她听说自己的丈夫世宗被叛军杀死，不顾自己正在蓐期，找到察割要求收拾丈夫尸体。察割不仅不许而且还将其囚禁起来，得知耶律璟、屋质率军包围自己后，又狗急跳墙，将皇后撒葛只杀死。

耶律璟、屋质率军包围察割大帐时天已大亮，见察割出来，便派人对叛党们说道："你们杀死皇帝已经犯下叛逆之罪，还想干什么？"

耶律璟的话不仅有震慑力，而且也有很大的诱惑力。"你们这些叛党已经犯下弑君之罪，有我寿安王在，难道你们还想当皇帝吗？如果就此罢手，你们的罪责还可以轻一些。"

叛军成分非常复杂，有些叛军首领是受察割威胁而参加叛乱的，有些干脆就是酒醉被抓到叛军堆里来的，有些并不是真心拥立察割为皇帝而是想乘叛乱捞取好处等等。因此，见耶律璟和屋

质率军平叛，特别是听了耶律璟的话，有些叛军首领开始动摇，率军跑向耶律璟一边。

察割一看自己这边有人跑向耶律璟和屋质军中，心里也着起急来，命死党开弓搭箭，对准被抓的诸王大臣及家属们威胁说："如果再有人跑向那边，就把这些人全部杀死。"这才稍微稳定住一些局势。

在叛党之中，有一个叫耶律敌猎的人，是南院皇族人（即辽太祖二伯祖贴剌的后人），见察割终成不了事，便想为自己留条后路。他对察割说："杀死这些人也改变不了如今的局势，估计屋质是想立寿安王当皇帝，才率兵平叛的，而寿安王不一定知道我们为什么杀死世宗皇帝，不如派人去见寿安王，就说你杀死世宗皇帝是为了拥立寿安王为皇帝，这样你或许还可以活命。"

察割心里自然也清楚，不论是兵力还是人心，自己都处于劣势，在这种情况下，能够活命当然是最好的结局。于是对敌猎说道："如果如你所说，派谁过去说呢？"

敌猎对察割说："如果信得过我，我愿意与罨撒葛（耶律璟胞弟）一同前往。"

察割寻思半晌，见没有别的办法，只好让敌猎与罨撒葛前往耶律璟军中商议有关事宜。

耶律璟、屋质趁机设计让敌猎回去通知察割，让他前来军中共同商议新皇帝即位一事。

察割这个时候只有苟求活命的份了，也没有多想，就与敌猎一起前往耶律璟军中，结果刚到军前就被耶律娄国（辽世宗之弟）一刀劈死。耶律璟乘机挥军杀向叛军，一举平定了叛乱。

这次叛乱所造成的损失是巨大的，皇帝（耶律阮）、皇后（萧撒葛只及甄氏）、皇太后（耶律阮生母萧氏）及有关大臣都在叛

乱中丧生。更主要的是，皇帝被杀死了，谁来当皇帝呢？

当时太祖皇帝子孙肯定不在少数，但从《辽史》记载来看，剔除庶生等因素，只有 7 人距离皇位比较近，分别是太宗皇帝嫡子耶律璟、罨撒葛（耶律璟胞弟）、世宗皇帝嫡子耶律贤、世宗皇帝之弟耶律娄国、太祖皇帝嫡子李胡及其两子耶律喜隐和耶律宛。

以上 7 人中，耶律璟最具竞争力。一方面，李胡与母亲述律平尚被囚于祖陵，世宗皇帝嫡子耶律贤不满 4 岁，这 4 人（李胡及其两子、耶律贤）自然就退出了皇位竞争。一方面，耶律璟是太宗皇帝嫡长子，在太宗皇帝病逝时就是皇位第一顺位继承人。当年述律平得到世宗皇帝在中原镇州城即位皇帝的消息后，就曾说过有太宗皇帝嫡子耶律璟在，还轮不到你耶律阮当皇帝。述律平的话，显然不是她一个人的想法，而是代表了一部分酋长及大臣们的想法。也就是说，耶律璟早就应当继承皇位，只不过由于当年世宗皇帝和李胡都想当皇帝，才使他失去了皇位，正因为此故，屋质起兵平叛时第一个想到的人就是耶律璟。此外，耶律璟是平定察割叛乱的领导者，已经控制了局势，诸酋长及大臣们自然都要听他指挥。

总之，耶律璟在平定察割叛乱后，在屋质的主张下，被诸部酋长拥立为新皇帝，是为辽穆宗（951 年 9 月），契丹辽王朝皇位又回到太宗皇帝一支人手中。

2. 扶北汉结南唐

辽穆宗是在辽兵南伐途中即位皇帝的，因此即位后的第一个决策便是继续南伐，还是停止南伐？辽穆宗的决策是停止南伐。

辽穆宗做出停止南伐的决策，有可能出于两方面原因。一是

叛乱刚刚平定，世宗皇帝被杀，新皇帝刚刚即位，有许多事情需要处理。二是耶律璟喜欢喝酒打猎，不喜欢行兵打仗。不过，不论是何种原因，停止南伐却是符合外部和内部形势的正确决策。

外部形势主要是指中原的后周政权。后周太祖郭威是五代中一个很有作为的皇帝，他励精图治，重视人才，实行社会改革，很快使中原社会稳定下来。在这种情况下，契丹想与北汉联手再图中原是不现实的。

就内部形势而言，自辽太祖担任夷离堇（901年）以来的半个多世纪里，契丹几乎每年都在打仗，虽然说契丹在这些战争中，统一了北疆，获取了燕云十六州，但是杀敌一万自损八千，契丹社会在战争中也遭受了巨大损失。特别是前三任皇帝都死在了对外战争中，这对辽廷诸显贵的打击是非常大的，因此契丹国内始终存在着厌战声音。

辽穆宗适时停止南伐，正是适应了这种外部和内部形势的需要，无疑是一个正确的决策。

从后来的事态发展来看，停止南伐对于契丹国家和辽穆宗本人还是一个双赢的选择。辽穆宗执政18年，从来也没有主动对外发动过大规模的战争，这就使契丹获得了18年的休养生息，为后来辽宋交锋积累了资本。辽穆宗嗜酒好猎、不理朝政，执政期间谋反案件不断发生，而他却稳坐龙椅，这与他不率兵出征，从而有足够的精力应付国内叛乱事件不无关系。

不过，停止南伐不等于万事大吉，辽穆宗回到南京后，北汉和南唐使臣便先后来到南京。

北汉政权与契丹结成"叔侄之国"后，北汉便等着契丹出兵一起攻打后周政权，可等来等去却等来了世宗皇帝被杀、辽穆宗即位的消息，于是又立即派人到契丹。一方面吊唁世宗皇帝，祝

贺辽穆宗即位；一方面商议一起出兵攻打后周事宜。

辽穆宗既然做出了停止南伐的决定，自然是不会派大军与北汉一起去攻打后周的。但他也并没有抛弃北汉，而是采取了扶植北汉之策，在对北汉给予军事保护的同时，还给予经济援助。北汉皇帝刘崇病逝（955年11月）后，其次子刘承钧即位，双方还由"叔侄之国"变成了"父子之国"，关系更加密切。每当北汉政权遭到后周或北宋政权（960年赵匡胤代后周建北宋）进攻时，辽廷都派兵加以援救，从而保证了北汉政权不被中原政权所灭。

辽穆宗在位18年间，中原政权与北汉发生过多次战争，契丹都参与期间，其中有两次关乎北汉存亡的大战役。或许是历史的巧合，这两次战役都与北汉和辽双方皇帝的性命附和在一起。

辽应历四年（954年）后周皇帝郭威病逝，其养子柴荣即位，北汉皇帝刘崇想乘后周皇位更迭之机图谋中原，于是派人到契丹请求援兵。辽穆宗派政事令耶律敌禄（汉名杨衮）率1万骑兵前往支援。双方在太原合兵4万，由刘崇亲自统领出兵中原。北汉与辽联军绕过潞州（今山西省长治市境内）直奔汴京。柴荣得到消息后，亲自率军迎敌。双方在高平（今山西省高平市）激战两场，北汉先胜后败，刘崇逃回太原，柴荣乘胜挥军包围了太原城。

在此次出兵中原过程中，契丹统兵将领耶律敌禄看不惯刘崇的做派，先是袖手旁观，后是见死不救，再后来见后周军包围了太原城，索性撤回了契丹。

刘崇被围在太原城已无还手之力，见契丹人马撤走，急忙再派人到契丹求救。

辽穆宗知道了事情的来龙去脉后，不禁大怒，将耶律敌禄关进了大牢（不久死于牢中），然后派南院大王耶律挞烈率军救援太原。

耶律挞烈率南院兵马驻守南境，其主要任务之一就是保护北汉，得到命令后率军直趋太原。

此时后周军围攻太原城约三月有余不下，已是疲惫之师，见契丹人马来援，便解围而去。不过，太原城虽然解除了危机，北汉皇帝刘崇却坚持不住了，连累带吓，又惊又怕，结果是一病不起，不久便病逝。

辽应历十八年（968年），北宋太祖赵匡胤乘北汉政权内讧之机，发军攻打北汉，一举包围了太原城。

辽穆宗得到消息后，派南院大王耶律挞烈、北院大王屋质率军前往救援。

赵匡胤一边围攻太原城，一边采取离间劝降之策，致使北汉君臣相互猜忌，互相残杀，太原城岌岌可危。正在此时，耶律挞烈率契丹人马赶到。

耶律挞烈率南院兵马长期驻守南境，与北宋曾有过交兵，颇有影响力，因此北宋兵马见耶律挞烈率军来援，便撤围而去。

此次北宋兵马围攻太原城也是三月有余，由于契丹人马及时求援，才保太原城不失。不过，就在太原城之围被解的同时，辽穆宗在黑山被厨人所杀。

契丹扶植北汉政策，无疑是一个双赢的选择。北汉政权虽然没有成为石敬瑭第二，但却成为契丹抗衡中原政权的马前卒，正是因为北汉政权的存在，从而使燕云十六州在辽穆宗朝没有被中原政权收复。因为不论是后周有作为的皇帝柴荣，还是北宋的开国皇帝赵匡胤，都把削平北汉作为收复燕云十六州的第一步，契丹扶持北汉政权不被中原政权所灭，自然也就保住了燕云十六州不被中原政权收复。

南唐的前身是十国之一的吴国（892年杨行密所建），由徐知诰代吴所建（937年）。徐知诰本是一名孤儿，不知自己的姓氏，当上皇帝后，自认是唐朝皇帝李氏后人，便改姓名为李昇，改吴国为唐国，定都金陵（今南京），史称南唐。

李昇既然自认是大唐王朝皇帝后人，自然就要把中原大地当

作祖宗遗产，也梦想着收回这份遗产。但是，当时的中原皇帝石敬瑭是契丹的"儿皇帝"，有契丹做靠山，李昪自然是不敢出兵中原的，只好等待时机了。不过，李昪在等待时机的同时，励精图治，把南唐治理的有模有样，富甲江南，成为诸割据政权中最强大的政权。不料，李昪没等收回祖宗遗产便于石敬瑭死去的第二年病逝（943年），由其长子李璟继承南唐皇位。

李璟就是中国历史上有名的词人皇帝，被称为南唐中主，在中国词坛也占有一席之地。但是，李璟虽然在文学方面有所成就，可在政治方面却差了许多。他即位之后，便发生了契丹挥兵南下讨伐石晋政权的战争，这无疑是南唐涉足中原的最好机会。就当时的形势而言，契丹发动的伐晋战争，不论是打着"上国（契丹）伐下国（石晋）"的旗号，还是以"爷（辽太宗）打孙（石重贵）"的名义，都是一场契丹与中原的战争，绝不仅仅是两国皇帝个人之间的恩怨问题。因此，如果当时南唐能够举兵北上抗击契丹，其他的割据政权会不会响应暂且不说，有一点是可能肯定的，那就是肯定会得到中原人民包括石晋的一些军队的支持。以南唐的军事实力，再加上中原民众和石晋部分响应南唐的军队力量，南唐借机入主中原，也是完全有可能的。

但是，李璟显然是没有这样的眼光，而是乘契丹伐晋之机，发动了灭亡闽国（闽国是十国之一，893年由王潮所建，以今福建为中心）的战争，当南唐灭亡闽国时，辽太宗也灭亡了石晋政权坐到了中原龙椅上。

当时石晋的一些统兵将领不愿归附契丹，纷纷率兵投奔了南唐，南唐一些有识之士，也劝李璟借机挥兵北上收复中原。李璟当然也看到了这一千载难逢的收复中原的时机，但是，当时南唐的大军还陷在闽境，已经没有多余兵力再北上收复中原，只好望

中原而兴叹了。当辽太宗病逝于北返途中，中原再次陷入混乱时，李璟又想乘机抢占中原，可没有等他动手，刘知远抢先入主了汴京城。

南唐的兵力在灭闽战争中遭受了巨大损失，李璟不敢独自出兵中原，于是就派人北上，联络契丹一起抢占中原。由于新即位的世宗皇帝忙于与祖母述律平和三叔李胡争夺皇权及平定萧翰、天德、刘哥等人的谋反案件，无暇考虑南伐中原之事，李璟于是就又把目光投向了南边，乘楚国内乱之机，出兵灭亡了楚国。南唐灭亡楚国，从皇帝到群臣都大受鼓舞，以为天下唾手可得，抢回祖宗遗产（中原）也不是什么难事，便又把目光投向了中原，而此时中原皇位又已经易主，郭威代后汉建立了后周。

南唐经过近十年的灭亡闽、楚战争，也已经是外强中干，同时还要派兵维护新征服地区的稳定，根本无力北伐中原。更主要的是郭威代汉建周后，雄心勃勃，大有削平诸割据政权一统中原之志，自然也把目光瞄准了南唐。

李璟当然也知道后周有吞并自己的意图，为图自保，便再次把目光投向了北方的契丹，派人前往契丹，商议联合抗衡后周事宜。

南唐与契丹隔黄海相望，南唐使臣乘船从今江苏连云港出发，绕过山东半岛，穿过渤海海峡，从今大连半岛南端踏上契丹土地时，正值世宗皇帝被杀、辽穆宗即位，辽廷无暇接待南唐使臣。南唐使臣于是在辽东京（今辽宁辽阳市）等候数月，然后才前往南京（今北京）觐见了新皇帝辽穆宗。

由于南唐在辽太宗朝时便与契丹关系密切，因此辽穆宗对南唐并不陌生，并亲自给南唐主李璟回了一封国书，表示愿意维持原来友好关系。于是，契丹、北汉、南唐结成抗周联盟。

很明显，结成这样的联盟是以契丹与北汉为一方，南唐为一方，双方南北呼应，使中原的后周政权不敢贸然地对任何一方动武，从而达到各方自保的目的。

在这个联盟中，又以契丹为盟主，北汉、南唐分别次之。因此，南唐每年都要遣使向契丹"贡方物"，以拉近与盟主的关系。

虽然如此，联盟的结成还是使三方都得到了好处。其中，尤以南唐获得的好处最大。

后周世宗柴荣是五代时期最有作为的皇帝，即位伊始便把统一中原、收复燕云十六州纳入目标。他审时度势，制定了先南后北的统一中原战略。经过充分的准备，开始出兵攻打南唐，并很快攻取南唐长江以北的大部分土地。

就在柴荣发兵攻打南唐不久，北汉皇帝刘承钧派人到契丹，商议出兵声援南唐。但是，辽穆宗对后周采取的是防御战略，再加上辽穆宗嗜酒打猎如命，不理朝政，因此没有及时出兵声援南唐。

辽应历七年（957年）十一月，辽穆宗见再不出兵声援南唐，

南唐就有被后周灭亡的危险，这才派兵与北汉军一起深入到后周境内，以声援南唐。

当时，柴荣正在淮南指挥大军攻打南唐，得到契丹和北汉袭击后方的消息后，不得不返回汴京，布置北边防务，从而延缓了对南唐的进攻。

契丹和北汉出兵后周境内，虽然对后周攻打南唐的战争没有太大的影响，但也起到了一些声援南唐的作用，让柴荣感到了后方的压力，促使其答应了李璟罢兵的要求，也使南唐又苟延了几年寿命。

从契丹与南唐结盟的表面现象来看，契丹似乎并没有得到什么实惠，其实则不然。正是因为南唐政权的存在，并与契丹北汉结成盟友，才迫使柴荣和后来的赵匡胤采取了先南后北的统一中原战略，把收复燕云十六州放在了最后。

3. 平叛是第一要务

辽穆宗是在平定察割叛乱中当上皇帝的，即位后自然是要对叛乱案件进行处理的。这期间，辽穆宗集中杀掉了一批人、下狱了一批人、排斥打击了一批人。至于涉案多少人，不得而知。但从《辽史》记载"时诸王多坐事击狱"来看，说明案件所涉及人员不在少数。所涉及的人员上至王侯，下至一般官员，有些是察割死党，有些是酒醉时误入叛军队伍，有些是当年拥立耶律阮当皇帝的人，有些是不同意辽穆宗当皇帝的人。现辑几人作一简略介绍。

耶律牒蜡，南院部人，与开国于越曷鲁同祖（辽太祖二伯祖贴剌）。辽天显年间（926—937年）出任东京（东丹国）中台省右相，与时在藩邸的辽世宗在一起。辽会同元年（938年）出使后晋册封石敬瑭为"英武明义皇帝"，后与辽世宗一起率东丹国兵马参加了灭晋战争。辽世宗即位后，牒蜡被封燕王，接替赵延寿出任南京留守。察割起兵叛乱时，派人找到牒蜡，时牒蜡酒醉尚未清醒，便被妻子扶入察割帐中参加了叛乱，叛乱平息后，与妻子一同被诛。

耶律朗，南院部人，与开国于越曷鲁同祖（辽太祖二伯祖贴刺），杀害于越释鲁（辽太祖三伯父）凶手之一霭古只（曷鲁大伯）之孙。辽天禄三年（949年）南院大王耶律吼病逝，耶律朗接替其职为南院大王。察割起兵叛乱时，派人找到耶律朗参加，耶律朗只是派属将率军前往，嘱咐属将要首鼠两端，站在胜者一边，叛乱平息后被诛，家人被贬为奴隶。

耶律安抟，辽世宗即位后因拥立首功出任北院枢密使，为百官之首，他性格过于宽厚，非宰臣之材。察割图谋皇位之心早已暴露，安抟视而不见，察割起兵叛乱，安抟也没有率军平叛，对世宗皇帝被害负主要责任。辽穆宗即位后，追究安抟失职之责，免去其北院枢密使之职。辽应历三年（953年），安抟被牵涉进谋反案件入狱，不久病死于狱。

耶律何鲁不，南院大王耶律吼之子，在平定察割叛乱中立有战功，辽穆宗即位后，因其父耶律吼曾拥立辽世宗为帝，故不予重用。

耶律颏昱，孟父房皇帝人，与屋质、安抟同祖（辽太祖三伯父严木），辽太宗朝出仕为官，辽世宗即位后，他被晋升为大内惕隐，辽天禄三年（949年）兼政事令，封漆水郡王。察割起兵叛乱后，颏昱率军平叛并拥立辽穆宗即位皇帝。辽穆宗为了表彰其匡赞之功，想晋升他为南院大王，颏昱推辞说，我蒙先帝（辽世宗）厚恩，没能报答，愿陪葬先帝。辽穆宗听后很不高兴，既没有让颏昱陪葬，

也没有给他安排什么官职。

安端，因参与其子察割叛乱事件，被免去一切职务放归田里，第二年（952年）薨（死）。

以上几人是《辽史》明确记载的被辽穆宗所处理的人，除此而外，还有一个人也应当在辽穆宗的打击范围内，那就是鲁不古。

上文已经述及，鲁不古（梁王信宁）因"与帝同谋，逐太后出宫"有功，被授予天下兵马大元帅，这一官职只有储君才能够担任。由此不难看出，鲁不古与世宗皇帝的关系非同一般。鲁不古于应历二年即辽穆宗即位的第二年（952年）去世，终年55岁，死因不明。鲁不古在辽世宗朝担任天下兵马大元帅，具有继承皇位的资格，不可能参加察割叛乱，而他却在穆宗处理察割叛乱案件期间去世，当与穆宗排斥异己有关系。也就是说，鲁不古有可能因当年帮助世宗皇帝打败太后述律平之故，被穆宗借处理察割叛乱案件之机

杀掉。

从以上几人情况不难看出，这些人或多或少都与世宗皇帝有关系。也就是说，辽穆宗借处理察割叛乱案件之机，有意将案件扩大化，打击报复，排斥异己。而这样做的结果，不可避免地要发生一些冤假错案，自然也要引起人们反对。

不仅如此，辽穆宗在当皇帝之前，就已经养成了一种嗜酒好猎的习惯，当上皇帝后也没有改掉。为了专心喝酒打猎，他竟然把朝政委托给自己的弟弟罨撒葛处理，致使那些觊觎皇位的人，心里又痒痒起来。

这样一来，辽穆宗这个在平叛中坐上龙椅的皇帝，就又接着平起叛来，而平叛也成了他唯一的要务。

第一波起来谋反的是大臣们，这是辽穆宗将察割叛乱案件扩大化的后果。

辽应历二年（952年）正月，辽穆宗即位刚刚三个月，太尉忽古质便起来谋反了；五个月后，国舅萧海贞（世宗皇帝小舅子）与工部侍郎李浣（汉臣）又暗中与中原的后周政权联系，图谋以燕云十六州投奔后周。

第二波起来谋反的是想当皇帝的人，这是辽穆宗嗜酒好猎、不理朝政的后果。

辽应历二年（952年）七月，没等萧海贞、李浣案件处理完，耶律娄国（世宗皇帝之弟，即诛杀察割之人）、敌猎（劝说察割之人）又站出来图谋皇权；辽应历三年（953年）十月，耶律宛（李胡之子）、罨撒葛（耶律璟之弟）、耶律化葛里、耶律奚蹇（这两人是辽太祖四弟寅底石庶生子）联合起来谋反（辽廷首任北院枢密使安抟被牵涉进这起谋反案件中，并被打入大牢，不久死于牢中）；辽应历四年（954年）正月，耶律宛等几人再次谋反。

在辽穆宗即位一年多的时间里，便已经有五次谋反事件发生了。不过辽穆宗还算是有两下子，把谋反案件一一平息。诛杀了忽古质、萧海贞、娄国、耶律化葛里、耶律奚蹇等首犯，对其他涉案人员也进行了严厉的处理。

这样严厉的处罚虽然起到了一些震慑作用，但也只是起了一段时间的作用。五年后，就又有人起来谋反了。

辽应历九年（959 年）十二月，中原后周世宗柴荣挥军北上攻取辽属三关，大有一鼓作气攻取幽州之势，辽穆宗在大臣们的强烈要求下，不得不前往南京御敌，王子耶律敌烈（太宗皇帝庶子、辽穆宗异母兄弟、天德胞弟）借机联络有关人员，准备在上京发动政变，预谋推翻辽穆宗的皇位。这是一起有组织、有计划、意在夺取皇位的政变事件，涉及的人员不在少数。由于周世宗柴荣病重返回汴京，停止了北伐，辽穆宗得以及时回到上京，将政变平息在萌芽之中。

辽应历十年（960 年）七月，王子敌烈政变未遂案件刚刚过去半年又发生了政事令，耶律寿远、太保楚阿不等人起兵谋反，辽穆宗刚刚将他们斩首，耶律喜隐和父亲李胡又起来谋反了（960 年 9 月）。

李胡和母亲述律平被囚于祖陵，辽穆宗当上皇帝才被释放出来，述律平不久病逝（953 年 6 月），李胡对皇权却没有死心，一直在觊觎着皇位，经过十年的观察，见辽穆宗嗜酒好猎、不理朝政，便与长子耶律喜隐预谋夺取皇权。事情败露后，父子双双入狱，李胡不久死于狱中（960 年 10 月），喜隐则因父死而释放，但他并没有死心，接着图谋皇位，结果再次失败，被逮捕入狱，九年后辽穆宗被杀，耶律贤即位才被放出来（详见后文）。

辽穆宗在位 18 年，平息谋乱可谓是他的第一要务。起来图谋

皇位的人员，以太祖子孙为主，即有高官（如太尉忽古质），也有国舅（如萧海贞），即有契丹人，也有汉官（如李浣），涉案人员包括从中央到地方的各级官员，这在契丹辽王朝立国二百多年的时间里是绝无仅有的。

这些谋反事件的频繁发生，说明辽穆宗这个皇帝自身存在着许多缺点和不足，难以服众。同时，辽穆宗嗜酒好猎，不理朝政，也给那些觊觎皇位之人以可乘之机，因此才频频发生图谋皇位事件。

但是，辽穆宗并没有从频繁发生的谋反案件中吸取教训，反而是酒喝得越来越厉害，猎打得越来越频繁。

4. 喝酒睡觉打猎是第一工作

契丹辽王朝共传九帝，辽穆宗是九帝中最特殊的一个皇帝，创造了九帝中的四个"最"。即最爱喝酒、最能睡觉、最好打猎、最会杀人。能创造这四个最或许与他的性格有关系，而他性格的形成又与他的生理缺陷有关系，那就是天生阳痿。

阳痿对于一个男人来说是不幸的，对于皇帝来说就更是大不幸了。设想，一个皇帝，身边有众多美女陪伴，却不能享受人生最爱，会有什么样的反应呢？辽穆宗的答案与普通阳痿男人没有什么两样，所不同的是他在多疑、孤僻、冷酷、易怒的同时，把更多的精力用在了喝酒打猎上，或许只有在猎场上围杀野兽的时候，只有在端起酒杯大口喝酒的时候，才能够把不幸抛在脑后。但是，这无疑又是心理变态的表现。

辽穆宗并不是一当上皇帝就喝酒如命、打猎如痴的，而是经历了一个事件后，才越来越严重的。他当上皇帝后，找到一个叫萧古的女巫给自己治病。女巫治病，自然用的是偏方，要用成年男子的胆汁做药引。辽穆宗为了给自己治病，自然也不会吝啬杀几个人，可没有想到这一杀，就是六七年。设想，皇帝所到之处，不断有成年男子被杀，这是一件多么恐怖的事情啊！好在辽穆宗并不是一个十足的糊涂虫，杀了六七年成年男人，吃了六七年成年男子的胆汁，病情并没有什么好转，心里终于明白过来，原来这是女巫在骗自己呀！于是用鬼箭把女巫射死（957 年 4 月）。随着女巫的死，辽穆宗对治好自己的病也彻底失望了，甚至把朝政委托给弟弟罨撒葛，开始专心喝酒打猎。

辽穆宗酗酒也有一个发展过程，由在皇宫里喝，逐渐发展到大臣、奴仆家里喝；由白天喝晚上睡，逐渐发展到晚上喝白天睡；由通宵达旦喝，逐渐发展到连喝几天几夜甚至是至月；由大臣们陪着喝，发展到命令群臣集体喝……

如此喝酒，自然是要睡觉的，不但要睡，而且还是喝完睡，睡醒喝，喝醉再睡，这样的连贯动作，一干就是十天半月至月，亦是常事，因此，耶律璟还有一个响亮的名字——睡王。皇帝如此喝酒睡觉，可苦了后宫里的妃子们。有闲情逸致者为此特作了一首诗："沉沉宫禁静无哗，五凤楼开理鬓鸦；怪底君王眠不醒，春风闲煞拂庭花。延昌宫外夜冥冥，侍宴宫娥冷倚屏；四鼓将残齐聒帐，何曾唤得睡王醒。"

当然，辽穆宗也有清醒的时候，清醒的时候又在干什么呢？不用问，打猎。契丹皇帝们都喜欢打猎，以猎代武，因此，每位皇帝

都有四时行猎的习惯，称为四时"捺钵"，而辽穆宗无疑又是这方面的冠军。每年春季都如时到潢河、鸭子河钓鱼捕天鹅，夏季到黑山、赤山避暑行猎，秋冬季进山里打猎。喝酒睡觉打猎也就成了耶律璟这个皇帝的习惯。《辽史·穆宗纪》中，"酒""饮""猎""杀"是出现频率最多的四个字。

5．失三关

辽穆宗如此喝酒睡觉打猎，难道就不影响国事吗？影响，肯定影响。契丹辽王朝正是在耶律璟执政期间丢失了三关土地。

郭威当了四年皇帝病逝，由其内弟柴荣继承后周皇位（954年），是为周世宗。柴荣是五代时期最有作为的皇帝，上任伊始便把统一中原收复燕云十六州纳入目标。他审时度势，制定了先南后北的统一方略，用两年多的时间便迫使南唐割地称臣（958年3月）。但他并没有继续用兵南方，而是突然掉转马头北上，准备先收复燕云十六州。柴荣统一方略的改变，正是看中了辽穆宗这个睡王当政，收复燕云十六州有可乘之机。

辽应历九年（959年）四月，柴荣挥兵北伐，只用了42天时间，便收复了益津关（今河北霸州市）、瓦桥关（今河北雄县）、淤口关（今河北霸州市东）、宁州（今河北青县）、莫州（今河北省任丘市）、瀛州（今河北河间市）等3关3州17县地。

这个时候的辽穆宗正在山中射猎，接到后周攻取三关地的消息后，竟然轻松地说道："那些土地本来就是汉人送给我们的，现在后周发兵要收回去，就让人家收回去好了，有什么大惊小怪的？"说完，就又纵马驰进猎场。

柴荣攻取三关地后，继续挥兵北进，不仅兵锋直指幽州，而

且还分兵攻打北汉，大有一举削平北汉收复燕云十六州之势。

  辽廷诸大臣见形势危机，以死相谏，辽穆宗这才不情愿地放弃打猎，前往南京。不过，辽穆宗还算是有点福气，刚到南京，柴荣便因病重不得不停止北伐返回汴京。

  辽穆宗见周兵撤了，也没有派兵去夺回三关，而是简单地布置一下南京防守，便离开南京北返接着喝酒打猎去了。

  这三关地不仅自此被中原政权收回，而且对契丹辽王朝历史乃至中国历史都产生了巨大影响。一方面，辽穆宗以后的契丹统治者们以收复三关地为口实，不断举兵南下，与中原发生了近40年的战争，最终辽与北宋签订了"澶渊之盟"，进而把契丹辽王朝推向鼎盛。一方面，辽廷统治者们为了收复三关地，把注意力放在南边，从而放松了对周边部族的统治，使周边诸部族如女真、

阻卜等迅速发展壮大起来，为契丹辽王朝灭亡埋下了伏笔。

另外，这三关地也是杨家将抗击辽兵南下的主战场，演绎了杨家一门忠烈英勇抗敌的爱国故事，有关这方面的内容请详见后文。

6. 室韦、乌古诸部反辽

辽应历十四年（964年），北方的室韦、乌古诸部起兵反辽，掀起了辽建国以来最大规模的部族起兵反辽浪潮。

室韦诸部是被契丹征服最早的部族，已经归附契丹七八十年，期间从来也没有发生过反辽事件。乌古诸部位于室韦诸部西面，也是被契丹征服较早的部族，已经有四十余年没有发生反辽事件。

这些部族在辽穆宗朝起兵反辽，显然是受辽穆宗不理朝政、酗酒嗜猎的影响，想趁"睡王"执政期间摆脱辽廷的控制。

室韦、乌古诸部反辽事件历时四年，期间双方交战激烈，互有胜负。室韦、乌古诸部降叛无常，甚至深入到上京附近地区抢掠，一些为辽廷驯养鹰犬、牲畜等人员寻机逃入乌古部。辽廷不断调兵遣将，在付出极高代价的情况下，才将这次反辽事件平息。

这次室韦、乌古诸部反辽给辽廷以沉重打击，对契丹辽王朝历史也产生了很大的影响。

室韦诸部反辽，以黄室韦和大、小黄室韦部为主力军。其中大、小黄室韦部被契丹征服，《辽史》有如下记载：一是大、小黄室韦部在辽太祖担任挞马狘沙里时便被征服（901年以前），并被改编为突吕不室韦和涅剌拏古两部，纳入契丹部族管理体制，为辽太祖二十部成员，隶属北宰相府管辖。二是大、小黄室韦部为契丹属国。

《辽史》如此记载，有可能反映了这样的信息：一是辽太祖为挞马狨沙里时并没有完全征服大、小黄室韦部，只是征服了其中的一部分，将其改编为契丹部族，没有被征服的部分为大、小黄室韦主体部族，后来被征服纳入契丹属国范围。二是大、小黄室韦部当年被辽太祖完全征服，并被改编为契丹部族，辽穆宗朝趁辽帝嗜酒好猎怠政之机起兵反辽，恢复了原来的部族名称，即大、小黄室韦部，变成了辽属国。

《续资治通鉴》也记载了这次室韦、乌古诸部反辽事件，指出大、小黄室韦部在辽太祖为挞马狨沙里时被征服，被分置两部纳入契丹部族，隶属北宰相府管辖，这次趁辽穆宗怠政之机起兵反辽，想摆脱辽廷的控制。

综合以上两史，大、小黄室韦部在契丹建国前就已经被辽太祖完全征服，这次趁辽穆宗嗜酒怠政之机起兵反辽，从契丹部族管理体制中脱离出来，恢复了原来的部族名称（即大、小黄室韦），摆脱了契丹的直接控制。事实也是如此，室韦诸部借这次反辽摆脱辽廷直接统治，不断向西、向北迁徙，最终发展为蒙古诸部。

乌古部自然也不例外，通过这次反辽活动不仅提高了自己的威信，壮大了自身实力，而且争取到了更大的自由活动空间，一直到辽末，乌古部与辽廷始终是若即若离，时有反辽活动发生。

室韦、乌古诸部反辽活动虽然被平息，但对周边诸部族的影响却是深远的，几年后，辽景宗即位不久，渤海人和女真人便发动了反辽活动。这些反辽活动虽然与这次室韦、乌古诸部反辽活动没有直接联系，但显然也是受到这次反辽事件的影响。

值得一提的是，在辽兵与室韦、乌古诸部兵马激战的四年多时间里，辽穆宗从来也没有亲自率兵征讨过叛部，而是喝酒打猎如常。

不仅如此，辽穆宗并没有从丢失土地、部族起兵反辽事件中

清醒过来，而是酗酒嗜猎如常，并且又多了一个毛病——杀人。

7. 滥杀无辜戕自身

在辽穆宗的生活记录中，"杀"字是出现频率最高的一个字，当然杀的不是牲畜，而是饲养牲畜的人。

辽穆宗杀人有个规律，就是酒后杀人，这显然与他心情不好、酒后释放有直接关系，同时也与他酗酒过度、神志不清有关系。

辽穆宗第一次杀人的记录是在辽应历十年（960年）八月，他在黑山行猎酒醉后，随手抄起身边的茵镇石狻猊（一种用来压席子边角的石狮子）将近侍古哥砸死。但是，早在应历七年（957年）十二月，女巫被处死半年后，他就曾对群臣说过这样的话："犯罪的人，依照法律判刑。我有时候无故发怒，使一些无辜的人获罪。你们一定要劝谏，不要当面顺着我。"这番话透露了玄机，那就是辽穆宗杀人或许就是从这年开始的。原因很简单，随着女巫的死，他对自己的病彻底失望了，从此之后，酒喝的更凶了，心理也开始变态，就又多了一个毛病——杀人。不过此时的辽穆宗还比较清醒，酒醒后还知道纠正自己的错误，可惜的是，这也只不过是说说而已。

辽穆宗杀人如同喝酒一样，也有一个发展过程，这与他酗酒越来越严重有关系。开始的时候是命令侍卫杀人，后来干脆就亲自动手了，动不动就手刃之。一次性杀人的数量也越来越多，从一个人到几个人再到十几人，有一次竟杀死44人。杀人次数最多的一年是应历十七年（967年）这一年，室韦、乌古诸部历时四年的叛乱被平息，辽穆宗或许心里高兴，酒自然就喝得多起来，杀人的次数也多起来，一年杀人达八次之多，被杀者达60人，有一个月竟杀人三次。

至于杀人的原因，则是千奇百怪。有的是养鹿人不小心弄伤了鹿，有的是仆人倒酒时洒了酒，有的是养鹰人碰伤了鹰，有的是引猎人没有及时把猎物引出来，有的是仆人没有及时把吃手把肉的刀子递到他的手上，有的是仆人私自回家探望妻子（妻子亦被杀掉），有的是厨人做饭不适口，有的干脆就是辽穆宗手痒想杀人。

至于杀人手段，更是令人发指。刺死、劈斩、击杀、箭射、火烧、活埋、大卸八块、砍断手足、弄折腰腿、划破嘴巴、打碎牙齿、砍首示众、杖罚、炮烙、铁梳、肢解等等。

这还不算，把人杀死后，辽穆宗似乎仍觉发泄不够，还要蹂躏尸体：有时将尸体弃于山野暴尸，有时把尸体埋掉做上记号，有时把尸体剁成碎肉，有时用马把尸体踏成肉饼，有时把尸体大卸八块等等。

辽穆宗简直就是一个杀人狂。他在位 18 年，记录在案的杀人次数就达 30 多次，被杀的人多达 100 多人，有名有姓者就达 80 余人（实际数字肯定要比这些数字多得多）。

辽穆宗如此杀人，难道就没有人站出来劝谏吗？有，耶律夷腊葛就是其中之一。

耶律夷腊葛原本是辽太宗斡鲁朵中的仆人，与辽穆宗为主仆关系，辽穆宗即位后，夷腊葛被调入宫中为侍卫，不久提拔为禁卫军首领。辽穆宗在位期间所发生的十数起谋反案件都一一被平息，与夷腊葛这个禁卫军首领有直接的关系。不仅如此，夷腊葛还是一位非常有正义感的人，曾多次站出来劝谏辽穆宗不要滥杀人，也曾救下不少人的性命。但是，遗憾的是，辽廷像夷腊葛这样敢于站出来劝谏皇帝的人太少了。

　　客观地说，辽穆宗一朝有许多良臣，如北院大王耶律屋质、南院大王耶律挞烈，两人均被百姓称为富民大王。北院枢密使萧护思、北府宰相萧海璃也都是终辽一世有名的能臣。可他们为什么没有站出来阻止辽穆宗杀人呢？这可能与辽穆宗所杀之人都是仆人有关系。

　　在以契丹人为统治民族的辽王朝，不仅皇帝，就是诸权贵们，杀死自己的奴隶、仆人，别人也是无权干涉的（这种情况，一直到辽圣宗朝才稍有改观）。另外，辽穆宗多为酒后杀人，是在神志不清的情况下杀人的，大臣们未必都在现场，就是在现场，对一个神志不清的皇帝又该如何劝谏呢？

　　纵观历史，明君和良臣是相辅相成的，千古谏臣魏征如果不是遇上千古明君李世民，命运又当如何呢？从某种角度上讲，正是耶律屋质、耶律挞烈等一批治国良臣的存在，才使得辽穆宗这个不理朝政、嗜酒如命、嗜杀成性的皇帝在位了 18 年。

　　不过，人君之过，莫过于杀无辜。辽穆宗嗜杀成性，滥杀无辜，所杀之人多为仆人和奴隶，纵使皇位没有被推翻，也难逃一死。此所谓天作孽尤可恕，人作孽不可活。

　　辽应历十九年（969 年）二月，辽穆宗没有去潢河和鸭子河春“捺钵”，而是鬼使神差地来到怀州（今赤峰市巴林右旗境内，

辽太宗怀陵所在地），祭祀完太宗皇帝陵墓后，进入黑山行猎。辽穆宗手气不错，猎得一只大黑熊，便就地宴饮，一直喝到天黑

酩酊大醉，才回到行宫休息。可一回到行宫就又叫嚷着要吃熊掌，而黑熊刚刚抬回来还没有收拾，熊掌需要一段时间才能做好。辽穆宗一听不禁大怒，扬言要杀掉厨子们，然后就一头睡过去。

辽穆宗的话，吓坏了厨人们，皇帝平时杀人如麻，等他醒来不知谁又将成为刀下鬼呀！思来想去，厨人们横下一条心，横竖是个死，不如先把皇帝杀死。于是，几人趁辽穆宗昏睡将其杀死。

辽穆宗就这样永远地"睡"过去了（969年2月），祔葬于辽怀陵（今赤峰市巴林右旗境内），庙号穆宗。

8. 佐国良臣

辽穆宗嗜酒如命、嗜杀成性、行猎无度、不理朝政，却能够执政18年，这似乎是一件非常令人费解的事情。其实任何事情都有缘由，辽穆宗能够执政18年自然也是有诸多因素的，其中一个很重要的因素就是其执政期间，辽廷涌现出一批能臣贤相，正是这些能臣贤相在辽穆宗不理朝政时，维持着辽廷政府正常运转。现择几人作一简略介绍。

萧海璃，为人正直，办事公道，萧海璃先娶明王耶律安端的女儿蔼因为妻，蔼因因受其兄察割谋反案件牵连被诛，又续娶了

辽穆宗的妹妹为妻，并担任北府宰相（955年），被授予总知军国事之权，辽应历十七年（967年）病逝于北府宰相任上。萧海璃四世孙萧兴言夫妻合葬墓在（辽上京城北30余华里土龙岗）今赤峰市巴林左旗境内被发现，出土有墓志，但并没有发现萧海璃墓葬。

萧护思，辽世宗朝为御史中丞，负责群牧户籍，辽穆宗朝提拔为御使大夫，不久升任北院枢密使（962年）。辽穆宗曾想下诏萧护思之族世为北府宰相人选，而萧护思则推辞说："臣子孙不知贤否，臣得今职已知足矣！"由此可见其人品。

北院枢密使和北府宰相是辽廷中的一、二号人物，为百官之长，对稳定朝局，保证辽廷的正常运转，具有举足轻重的作用。萧海璃和萧护思都是正人君子，勤政务实，在辽穆宗朝初期，负责审查处理察割叛乱案件。"时诸王多坐反逆下狱"，萧海璃和萧护思以公办案，明察秋毫，最大限度地避免了案件的扩大化和冤案的发生，对稳定人心和时局起到了至关重要的作用。

高模翰，渤海人，辽太祖灭亡渤海国时，高模翰跑到高丽国避难，高丽国王将女儿嫁给其为妻，后因犯罪又逃回渤海，再因喝酒杀人被打入大牢。辽太祖知其是一个人才，将其释放，留在身边效用，从此进入辽廷政坛。高模翰是优秀军事指挥人才，在随辽太宗援立石晋、灭亡后唐、南伐石晋战争中，屡立战功，先加太傅，后封为开国公，辽世宗朝加开府仪同三司，辽穆宗即位后提任东丹国中台省右相。高模翰自太祖朝末期进入契丹，至辽穆宗即位，已经在契丹生活了近30年，经太祖、太宗、世宗三朝，可以说是对契丹忠心耿耿，无有异志，由其佐政东丹国，最得适宜。高模翰回到东京（今辽阳）任职时，主政东丹国政的安端因子察割叛乱被免职归家，他实际上就是东丹国的主政人，立即受到渤海人的热烈欢迎，视其为渤海民族英雄。这样的人任东丹国中台省右相，对于维护东京地区渤海人的稳定，其作用是可想而知的。

高勋，本是后晋朝中小吏，辽太宗发动第三次灭晋战争时（946年），高勋跟随晋将杜重威，授命前往辽营传递投降信息，被辽太宗一眼相中，并留在身边，从此进入契丹政坛。辽世宗朝为首任南院枢密使，总知汉军及汉人事务，辽穆宗即位后，高勋被晋封为赵王，担任上京留守，不久又调任南京留守。高勋不仅是汉臣在辽廷为官者中职务最高、权势最大之人，而且对辽廷忠心耿耿，在维护燕云地区稳定方面，其作用是不言而喻的。

在诸能臣贤相中，还有两个人的作用尤其重要，那就是北院大王耶律屋质和南院大王耶律挞烈。

北院大王和南院大王是辽廷中的两个特殊职官，说其特殊，主要是指这两个职官既是部族官又是朝廷命官。

北大王院和南大王院的前身是迭剌部，当年（922年）辽太祖为了削弱迭剌部势力，将迭剌部分为北院（即五院）和南院（即六院）两个部落，辽太宗又将北、南两院首领（时称夷离堇）升格为大王，并在朝中设置北、南大王院，为北院大王和南院大王参政议政机构（其他部落酋长在朝中没有办公机构），北、南大王也是仅次于北、南院枢密使与北、南府宰相的辽朝中央第三级别的职官。

北大王院和南大王院是以耶律氏皇族为核心的契丹国内势力最强大的两个部落，不仅掌握着契丹国内最精锐的部队，是耶律氏皇族赖以执掌契丹皇权的基础，是契丹维护社会稳定、对外征伐的主要军事力量，而且还常常左右着辽廷局势的走向。一般来讲，北、南院大王可以直接升格为北、南院枢密使和北、南府宰相，而北、南院枢密使和北、南府宰相的交流去向也往往是北、南院大王。因此，北、南院大王的人选是非常关键的，亦因此，北、南院大王一职都是由耶律氏皇族中忠于皇权的人来担任。

《辽史》记载北院大王48人次和南院大王43人次，除韩制心和萧兀古匿两人外，其余皆为耶律氏皇族人，从而保证了契丹辽王朝皇权始终掌握在耶律氏皇族手中。辽穆宗能够执政18年，正是得益于其执政期间有两个非常优秀的北、南院大王。

北院大王耶律屋质，孟父房皇族人，与安抟、颓昱同祖（辽太祖二伯父严木）人，是否是同胞兄弟不得而知。此人不仅智谋超人，才干出众，而且还是皇权的忠实拥护者，在辽廷几次权力危机中都扮演了关键的角色。当年（947年），辽太宗突然病逝中原，辽世宗军中即位，与祖母述律平及三叔李胡兵戎相见，辽廷内战一触即发，在这个关键时刻正是屋质站出来，促成了祖孙两人和解，避免了辽廷内战的发生。几年后，辽世宗被察割所杀，辽廷再一次面临危机时，又是屋质站出来平息叛乱，把辽穆宗扶上了皇位，再次挽救了辽廷危局。

辽穆宗坐上龙椅后，也没有忘记屋质的功劳，先是授予其知国事之权，让其辅佐自己执政，不久又任命其为北院大王（955年），率领北院兵马驻守南境，以加强对中原政权的防御和保护北汉政权。从此屋质镇守南境十几年，最终病逝于北院大王任上（辽景宗朝初期）。

屋质在驻守南境期间，并没有受皇帝辽穆宗嗜酒好猎、不理朝政的影响，而是尽职尽责、任劳任怨，把辖区治理的井井有条，政绩颇佳，被时人称为"富民大王"。同时，由于屋质卓有成效的管理方式，不仅使北汉政权不被中原政权所灭，保证了燕云地区的安稳，而且北院部落也没有发生图谋皇权事件，从而为维护契丹社会稳定做出了巨大的贡献。

南院大王耶律挞烈，南院部人，与开国于越曷鲁、燕王牒蜡同祖（辽太祖二伯祖贴剌），沉厚多智，颇有才干，40岁时才出

仕为官。辽穆宗即位时，他已经50多岁，仍被提拔为南院大王，与屋质一起驻守南境。他勤政务实，轻薄赋税，鼓励农耕，政绩颇佳，与屋质同被时人称为"富民大王"。挞烈不仅治民有方，口碑载道，而且还是辽廷扶持和保住北汉政权的功臣。

辽应历四年（954年）五月，后周世宗柴荣亲自率军攻打太原城，当时北汉一些州守城将见太原城危急，或举城或暗中投降了后周，北汉岌岌可危，在这个危局时刻，挞烈率领南院兵马赶到，击退后周兵马解了太原城之围。

辽应历十四年（964年），北宋大规模攻打北汉，又是挞烈率本部兵马前去增援，在石州（今山西省离石区）击败北宋军队。这是辽与北宋军队的第一次正面交战，挞烈也因此战威名远扬，在此后的几年间，北宋军队慑于挞烈的威名，没有再攻打北汉。

辽应历十八年（968年），北宋乘北汉皇帝刘承钧病逝、朝廷发生内乱之机，再次举兵攻打北汉，并很快包围了太原城。就在太原城即将被北宋攻破之际，又是挞烈率本部兵马赶到，北宋兵

马得知挞烈率军前来增援，不敢与其交战，便撤围而去，北汉再次逃过一劫。

辽应历十九年（969年）二月，宋太祖赵匡胤亲自率军攻打太原城，大有一举削平北汉之势，时值耶律璟在黑山行宫被弑，辽廷处于皇权更迭过程中，北汉政权再次面临着严峻考验。在这个关键时刻，屋质率领本部兵马驰援太原，突破宋军防线，再次解了太原之围。

此时辽廷新皇帝耶律贤也已经稳定住了朝廷局势，为了表彰屋质和挞烈镇守南境之功劳，拜屋质为于越，加封挞烈为政事令。

可以说，正是因为有以萧海璂、萧护思为代表的能臣主内，有以屋质、挞烈为代表的良臣主外，才使契丹辽王朝没有毁在辽穆宗这个嗜酒如命、嗜杀成性、不理朝政的"睡王"手中，也使辽穆宗这个"睡王"执政了十八年。

06

LIAO SONG JIAO BING

二

六月甲子，宋主来侵。丁卯，北院大王奚底、统军使萧讨古、乙室王撒合击之。战沙河，失利。己巳，宋主围南京。丁丑，诏谕耶律沙、讨古等军中事宜。沙等及宋兵战于高梁河，少却，休哥、斜轸横击，大败之。宋主仅以身免，至涿州，穷乘驴车遁去。

《辽史》

1. 赵宋代周

　　辽穆宗被杀后，辽世宗之子耶律贤捷足先登即位皇帝，是为辽景宗。辽景宗纳二国舅帐之乙室已小翁帐萧燕燕为皇后，夫妻两人锐意进取、励精图治，从而将契丹辽王朝推上中兴轨道。与此同时，中原局势也正在发生着翻天覆地的变化，赵匡胤代后周建北宋（960年），结束了中国五代分裂局面。

　　赵匡胤于927年出生在洛阳，自幼喜欢骑马射箭练武，胆量过人。曾试骑一匹烈马，也不给马套上笼头，烈马跑到上城楼的斜道上，他的额头撞到门楣上从马上掉下来，人们以为他的脑袋一定会被撞碎，不料赵匡胤却从地上慢慢起身，追上马匹又骑到马背上，一点也没有受伤。赵匡胤爱好读书，手不释卷，积累了扎实的文化功底，21岁时离开家里到外面游历，寻求自己的仕途。

　　辽天禄三年（949年），也就是辽世宗平定萧翰谋反案件，

第一次派兵南下抢掠河北地区的那一年，赵匡胤在游历中，遇上后汉枢密使郭威在招募新军，于是应募从军，成为郭威帐下一名禁军，从此步入军旅，凭一身武功及文韬武略，在军中大显身手，成为郭威手下勇将，官职不断提升。

辽天禄四年（950年）九、十月间，辽世宗亲自率兵抢掠安平、内丘、束鹿等河北诸镇，赵匡胤随郭威坐镇魏博（今河北大名县境内）防御契丹。期间后汉皇帝刘承祐为了摆脱权臣的控制，在汴京诛杀权臣。郭威得到消息后不禁大怒，率军返回汴京，废掉后汉皇帝，自己坐到中原龙椅上，赵匡胤亲眼目睹并参与了郭威黄旗加身的一幕。

辽应历四年（954年），北汉与辽联合出兵南下，欲乘后周

皇帝柴荣刚即位之机，攻打后周。赵匡胤时为宿卫将领，随柴荣北上御敌，在高平之战中立下首功，升任殿前都虞侯。

辽应历九年（959年），柴荣以水、陆两军北征，欲收复燕云十六州。赵匡胤担任水路都部署，指挥大军从水路北征，率先收复瓦桥关（今河北省雄县）。期间发生了一件怪事，在柴荣书信中，发现了一个写有"点检作天子"的木尺，柴荣得此木尺不禁心生疑虑，突然得了重病，不得不停止北征返回汴京，免去原殿前都点检，提升自己信任的赵匡胤为殿前都点检。不久柴荣病逝，其只有7岁的小儿子郭宗训继承皇位，是为后周恭帝。赵匡胤以殿前都点检兼任宋州节度使、检校太尉。

此时的赵匡胤不仅是后周军中著名将领，而且在后周朝中也有一定的影响力。可以说是在后周军政都有极高的威望，已经不甘心屈居人下。望着龙椅上的小皇帝，不禁想起了当年郭威黄旗加身的一幕。于是就"按方抓药"，假造北汉与契丹联军南下抢

掠的情报，然后亲自率军北上御敌。当走到陈桥驿时，将士们鼓动起来，将早已准备好的黄袍披在他的身上。赵匡胤半推半就，回到汴京坐上龙椅，以自己的宋州节度使官名为国号，代后周建立了北宋（960年正月），结束了中国五代分裂局面。

五代自朱温代唐建后梁至赵匡胤代后周建北宋，历53年、8姓13位皇帝。

2. 北汉攻守战

北宋建立时，中原还存在着6个割据政权，分别是荆南、后蜀、南汉、南唐、吴越、北汉。宋太祖赵匡胤审时度势，制定了"先南后北"统一方略，同时把削平北汉，作为收复燕云十六州的第一步。不过，宋廷在征伐南方诸割据政权的同时，也时刻在注视着北汉局势，寻机对北汉用兵，发动了几次试图削平北汉政权的战争。期间辽作为北汉的宗主国，也及时负起保护北汉的责任。

辽应历十三年（963年）七月，宋太祖削平荆南割据政权后，发兵北伐，对北汉政权进行了试探性进攻。双方交战数次，宋军攻取了北汉的一些城池。第二年（964年）二月，辽派南院大王耶律挞烈率军增援北汉，打败了北宋军队，收复了被北宋占领的城池（四月）。这次战争历时十个月，北宋无功而返。

辽应历十八年（968年）七月，北宋利用四年时间平定后蜀地区叛乱，时值北汉皇帝刘承均病逝，北汉政权发生内讧，宋太祖觉得有机可乘，于是再次发兵北伐。双方交战几场，宋军推进至太原城下（九月）。

北汉新皇帝刘继元刚刚即位，见宋军包围了太原城，一面组织人马守城，一面派人向辽求救。

辽廷在北宋出兵攻打北汉之前，便得到了消息，辽穆宗任命南院大王耶律挞烈为统军使，节制南境兵马做好援助北汉的准备。挞烈得到宋军包围太原城的消息后，立即率领兵马前往增援。此时，北宋军队已经围攻太原三个多月，已是疲惫之师，见辽兵前来增援，便撤围而去（十一月）。

　　辽应历十九年（969年）二月，宋太祖亲自统帅大军北伐，又一次包围太原城。北汉皇帝刘继元不敢怠慢，一面死守太原城，一面派人向辽求援。

　　时值辽穆宗在黑山被弑，辽景宗刚刚即位，辽廷立即任命耶律斜轸接替年龄已大的耶律挞烈为南院大王，节制西南诸军前去增援北汉。同时，辽景宗派兵攻打宋定州，以声援太原。

　　宋太祖在出兵之前，就已经料到辽兵会援救北汉，因此在阻击辽兵援救北汉方面作了充分的准备。攻打宋定州的辽兵，刚刚进入定州境内便遭到宋兵阻击退了回去。前往太原的辽兵在路上也都受到宋兵阻击，不能及时赶到太原城下。

　　宋太祖亲自来到太原城下，采取陆攻、水淹、劝降三管齐下，对太原城展开了全方位立体式进攻。宋军曾几次攻上太原城头，双方短兵相接，展开肉搏战。宋兵掘开汾河堤坝，引汾河水将太原城墙冲开缺口。劝降之策也有效果，北汉君臣在宋军强大攻势和劝降感召下，离心离德，各揣心腹事，以宰相郭无为为首的北汉一些重要大臣，开始预谋投降北宋。

　　就在太原城岌岌可危时，辽北院大王耶律屋质和南院大王耶律斜轸率军先后突破宋军防线，兵临太原城。

　　此时宋军围攻太原城约四个月，时值连阴雨，宋兵不服水土，多得腹疾，士气开始低落，一些随征大臣劝赵匡胤撤兵再图良策。

　　宋太祖本想乘北汉政权内讧之机削平北汉政权，可没想到太

原城如此坚固，兵将们又多不服水土，士气低落，心里也有退兵之意，于是便就坡骑驴下令撤兵（五月）。这是宋太祖在位17年间，唯一一次亲自率军征伐北汉，指挥部队围攻太原城。

太原战役后，北宋、北汉、辽三方均调整了战略。北宋把战略重点转向南方，开始集中精力削平南方诸割据政权；北汉放弃了攻打中原的打算；辽放弃了把北汉变成石敬瑭第二的想法。

辽和北汉当初结为父子之国，是以同一目标为基础的。那就是北汉想借契丹之力夺取中原，辽想把北汉变成石敬瑭第二，使中原重新成为辽的附庸。但是，经过十几年的实践，特别是通过辽与北汉联手对中原后周和北宋的几次交兵，辽与北汉都意识到，

要想拥有中原是不实现的。

在这种现实面前，辽与北汉统治者们的心理都发生了变化。北汉统治者不再奢求夺取中原，也就对辽不那么俯首帖耳；辽廷统治者不再幻想把北汉变成石敬瑭第二，也就对北汉不那么感兴趣。由此双方虽然表面上还维系着父子之国的关系，但实际上开始出现摩擦和隔阂，这种摩擦和隔阂在辽穆宗朝后期便已经开始显现。

辽应历十三年（963年），北汉发生了一起谋反案件，其中牵涉到宰相段恒。北汉皇帝刘承钧在没有请示辽廷的情况下，便听信谗言将段恒处死。辽穆宗得到消息后，不禁恼怒，派人到北汉兴师问罪。历数刘承钧三宗罪：一是擅自更改年号；二是擅自任免大臣；三是擅自杀死宰相段恒。刘承钧吓得赶紧派人到辽承认错误，但辽穆宗对北汉仍然憋着一肚气。从此之后，把北汉出使辽廷的使臣全部扣压在辽，双方的关系开始出现裂痕。

太原战役结束后（969年），辽南院大王耶律斜轸率兵暂时

驻扎于太原城下。北汉大将刘继业建议北汉皇帝刘继元说："契丹人贪图财利，背信弃义，他日必定会灭亡我国，如今他们持胜骄傲，无有准备，不如趁此袭击辽兵，可以缴获数万匹战马，然后乘机以河东之地归附中原，让太原的老百姓免于生灵涂炭，陛下你也可以永久享受富贵。"

很显然，刘继业（杨继业）想法代表了北汉一部分人的思想，那就是北汉政权的一些臣僚已经意识到濒临灭亡的命运，并由此产生与其被契丹灭亡，不如主动归附中原的思想。

北汉皇帝刘继元虽然没有采纳刘继业的建议，但对辽的态度也发生了变化。

太原战役结束后，一些滞留于太原城的辽廷使臣回到契丹，将北汉政权内讧及权争局面报告给新皇帝辽景宗。辽景宗鉴于北汉皇帝刘继元政令不通，身边没有得力佐臣，便把辽穆宗朝扣留的北汉使臣16人全部放回。并从中为北汉皇帝选了几个佐臣，其中刘继文为平章事、李弼为枢密使，以辅佐刘继元。

刘继文是北汉开国皇帝刘崇之长孙，李弼是北汉老臣，两人被扣留在辽廷多年，如今回去辅佐朝政，自然是要受到北汉一些权臣的嫉妒和排斥。北汉皇帝刘继元对他俩也不太得意，便听信权臣之言，擅自将两人调离太原到地方上去任职。

辽景宗得知消息后，不禁震怒，下诏书批评刘继元说："我们为了北汉接连失去两位国主（指世宗皇帝和穆宗皇帝）。北汉地域窄小，局促一隅，要想长期稳定地生存下去，必须得到契丹的帮助才行。刘继文是你的弟弟，李弼是你的老臣，一个与你有亲缘关系，一个与你有长者旧情，朕才把他俩派回去，希望能用他们的忠诚共同治理北汉，保持我们两国的友好。可没有想到，两人的座椅还没有坐热，就被你所抛弃，怎么让朕相信你北汉归顺我契丹的诚心呢？"

刘继元接到辽景宗的诏书后，吓得赶紧派人上书谢罪，但是始终也没有让刘继文回朝任职。从此北汉虽然年年遣使入贡，但是辽景宗对北汉已经不那么感兴趣了，双方关系时冷时热，渐行渐远。

宋太祖从太原撤兵后，经过一年多的休整，开始对南方诸割据政权用兵，只用半年多时间，便灭亡了南汉政权（971年2月），然后挥兵指向南唐。

辽、北汉、南唐在辽穆宗朝结成抗周联盟，但"蜜月期"并不长。一方面是南唐不久便沦为中原政权附庸，一方面是因为一次刺杀事件。

辽应历八年（958年），南唐在后周世宗柴荣多年征伐下，被迫割让江北十四州、去掉皇帝号称国主，沦为后周附庸。

辽应历九年（959年）九、十月间，即南唐沦为后周附庸后，周世宗柴荣挥兵北上，攻取辽三关地。辽穆宗派自己的舅舅（不知姓名）出使南唐，商议南北联手抗周事宜。后周得知此事后，派刺客尾随辽使至南唐，在南唐招待辽使的酒宴上，将穆宗舅舅刺杀，从此辽与南唐断绝了外交关系。

辽应历十一年（961年），即宋太祖代周建宋的第二年，南唐中主李璟郁闷而死，其第六子李从嘉（时年25岁）即位南唐国主，是为南唐后主。

李从嘉就是中国历史上有名的词人皇帝李煜，虽然才华横溢，却不是一个称职的皇帝。即位南唐国主后，整日里烧香拜佛，填词作曲，醉生梦死。军队首领劝他整兵北上，收复失地，他也不予理会，吃喝玩乐依旧，就这样生活了10年。

宋太祖灭亡南汉政权后，李煜这才感到压力，但他并没有去

想如何图强，如何抗击宋军，而是上书宋廷，将自己的南唐国主再降一格，称江南国主，以此来苟且偷生。

宋太祖志在削平南唐政权，岂容李煜这个"傀儡"存在？于是要求李煜到汴京觐见，想兵不血刃拿下南唐。李煜心里也明白，便以各种理由推辞，勉强又维持了3年。

辽保宁六年（974年），宋太祖发兵征伐南唐，李煜只好硬着头皮应战，双方经过一年多的激战，宋军攻占南唐首都金陵，南唐灭亡（975年11月）。

南唐灭亡之后，南方只剩吴越一个割据政权。由于吴越一直承认中原政权的宗主地位，非常听话，实际上已经归附中原，因此宋太祖没有发兵吴越，而是掉转马头，挥兵北上，准备削平北汉。

辽保宁八年（976年）八月，宋太祖发五路大军征伐北汉，宋军进入北汉境内后，没有遇到什么像样的抵抗，很快推进至太原城下，将太原城包围起来。

北汉皇帝刘继元急忙派人向辽请求救援，辽景宗虽然对北汉不在感兴趣，但双方毕竟是父子之国，父对子总是要尽一点保护义务的，于是派南府宰相耶律沙和冀王耶律敌烈率兵增援北汉。

就在这个当口，宋太祖突然在"斧声烛影"的千古疑案中死去（976年10月），其弟赵光义继承北宋皇位，是为宋太宗。

宋太宗赵光义新皇即位，自然有许多奏折要批，于是下令宋

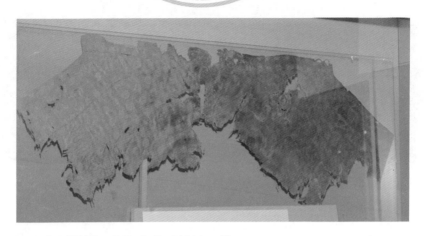

军从太原撤围，北汉由此又躲过一劫。

宋太祖代周建宋后，便把统一中原收复燕云十六州纳入目标，但他在位十七年即没有削平诸割据政权，也没有对燕云用过兵，这一任务落在了宋太宗肩上。

宋太宗在继承皇兄皇位的同时，也继承了皇兄的遗志，把收复燕云十六州作为目标，仍把削平北汉政权作为收复燕云十六州的第一步。不过，宋太宗在出兵北汉之前，还需要完成一项任务，那就是削平南方最后一个割据政权——吴越。

吴越与南唐一样，从辽太祖朝开始便与辽保持着经贸和友好关系，每年都派人到辽进贡及进行经济贸易。不仅如此，吴越还向所有中原政权进贡，使用中原政权年号。这一手很管用，其他割据政权都受到中原政权征伐并最终被消灭，吴越不仅少有兵祸，而且成为南方诸割据政权中生命力最顽强的一个。

五代时期，中原先后存在的10个割据政权（即十国）中，南方有9个，吴越是其中之一，也是最后一个被灭亡的政权。

北宋攻打南唐时，南唐曾派人联系吴越一起抗宋，吴越为了自保不仅没有答应，而且还按照宋廷的要求，出兵助宋进攻南唐。

宋灭亡南唐后，宋太祖下诏吴越王钱俶（947年即位）到汴京觐见。钱俶服服帖帖北上汴京，由此宋廷没有对吴越用兵。宋太宗即位皇帝后，钱俶先派儿子到汴京进贡祝贺，然后又亲自到汴京觐见。在宋太宗威逼下，最终献出吴越地籍，自动归附宋廷，吴越政权灭亡（978年5月）。

吴越政权自动归附北宋后，宋太宗觉得北伐时机成熟，于是以大将潘美（即《杨家将演义》中的潘仁美）为帅，自己坐镇后军，开始攻打北汉（979年正月）。

宋军的北伐行动，事先被辽使宋人员耶律虎古发现。

辽与宋互通使臣是双方交兵中的一个小插曲。

北宋建立后，没有主动进攻辽，辽也没有主动对宋用兵，这

主要是由双方皇帝的战略思想所决定的。

辽朝方面，辽穆宗即位后，制定了扶北汉、结南唐以抗中原政权的战略，对中原政权（后周、北宋）采取了防御策略。耶律贤即位后，致力于恢复社会秩序，发展经济，需要一个和平稳定的发展环境，因此对北宋继续采取防御策略。

宋朝方面，宋太祖建宋后，制定了"先南后北"的统一战略，也对辽采取了防御策略，甚至想用金钱来赎回燕云十六州。据说他专门建了一个贮蓄库来贮备金帛，曾私下对亲近大臣说："石晋割幽蓟以赂契丹，使一方之人独限外境，朕甚悯之。等到这贮蓄库蓄满三五十万，就派人去与契丹谈判，假如契丹能够归还幽蓟之地，就把这些金帛充为赎金。如果行不通，朕就用这些金帛来招募勇士，去夺回那些土地。"由此可见，宋太祖即位后，虽然把收复燕云十六州作为目标，但并没有近期对辽用兵打算。

辽与宋都没有进攻对方的打算，边界地区的百姓自然就和平相处。双方以燕云十六州接壤，原为一家，如今和平相处，百姓之间自然就要相互走动，进行商业贸易等，就连双方守边的将领也频频接触，后来竟然上书各自皇帝，促成了南北和平约定。

辽涿州刺史耶律琮（又名耶律合柱、耶律昌允），是辽太祖三弟耶律迭剌的孙子，机智而有文采，穆宗朝没有什么职任，耶律贤即位后，加右龙虎卫大将军，任涿州刺史，负责辽、宋边境诸事。他到任后，守边务实，从不无故挑起事端，曾率数骑到宋雄州城下对宋守城将领陈述两朝和平的好处，言辞感人，就是宋守境将领对他也很敬重。为了使辽、宋边境保持长久安定，耶律琮主动给宋雄州守将孙全兴写信，申明两朝本来没有太大的矛盾，如果相互派遣使者，沟通双方君主之心，使两朝长期和平相处，百姓休养生息，这是一个很好的事情。

孙全兴也正有此意，于是便把耶律琼的意思汇报给了宋廷。时值宋太祖赵匡胤正在用兵南唐，巴不得宋、辽边境无事，就命孙全兴给耶律琼回信，答应宋、辽和好。

耶律琼把赵匡胤愿意与辽修好的意思汇报给辽景宗。

辽景宗也正有此意，于是就命耶律琼为辽方代表，与宋商谈议和事宜。双方经过几次接触洽谈，最终达成和平友好约定（974年，一说为975年）。从此辽、宋边境几年无有兵事，双方互相派遣使臣，沿边任人互市，交往不断。

辽保宁十年（978年），耶律虎古出任辽朝信使出使宋朝，发现宋军大规模演习，制造攻城器械，怀疑宋有攻北汉意图，回朝后便把自己所见所闻及想法汇报给辽景宗。

时值南京留守韩匡嗣回朝处理枢密院公务，亦在辽景宗身边，不仅不相信宋会攻打北汉，而且还把耶律虎古训斥了一顿。辽景宗对韩匡嗣信任有加，因此对宋进攻北汉并没有作相应的准备。

宋军向北汉发起进攻后，辽廷这才做出应对。一方面派人到宋都汴京责问宋太宗为什么发兵攻打北汉；一方面以南府宰相耶律沙为统军，冀王耶律敌烈为监军，率军前去增援北汉，同时命南院大王耶律斜轸率本部人马前去助战。

辽使到达汴京后，向宋廷转达了辽廷的指责："宋有什么理由攻打北汉？"

宋太宗态度非常强硬，说："河东不听朕的旨意，理当兴师问罪，倘若你朝不出兵援救，我们还可以维持原来和平友好约定，不然的话只有一战。"

辽景宗见宋廷态度如此强硬，在派兵增援北汉的同时，对北汉生存也没抱太大的希望。为了防止宋灭北汉后，乘势进攻燕云，命北院大王耶律奚底、乙室已部大王耶律撒合等率本部人马戍守南境，命大同军节度使耶律善补等率本部人马南下加强南境防务。

宋太宗对进攻北汉作了充分的准备，在辽兵援救北汉的路线上安排了兵马，以阻截辽兵增援北汉。

耶律沙和耶律敌烈率人马走到白马岭（今山西盂县北）时与宋军相遇，两军隔--条大山涧而峙。

耶律沙见宋军有准备，就想等后续部队到达后再发起攻击，可王子耶律敌烈等将领认为立即出击有利，便不听耶律沙的劝阻，率军冲向宋军。

辽兵刚刚渡过山涧一半人马，即遭到宋骑兵冲杀，首尾不应，顿时乱了阵脚，溃不成军，死伤无数。

冀王耶律敌烈（辽太宗庶子）及其子、耶律沙之子及一些统军将领都在拼杀中丧命，辽兵眼见着就要全军覆没。

在这个危机时刻，耶律斜轸率军赶到，命所部万箭齐发，才击退宋军，救出了涧里剩余的辽兵。

这一仗辽兵败得很惨，死伤无数，只有耶律沙等少数将领得以生还，辽兵不敢再冒险前进，放慢了增援速度。

宋太宗来到太原城下亲自指挥攻城，宋军将士大受鼓舞，加快攻城进度。被围在城里的北汉皇帝刘继元无计可施，只有等待辽兵来援，可左等右等辽兵还是没到，无奈之下，只好开城投降（979年6月）。

北汉自刘崇建国到刘继元亡国共存世29年，传3帝。

3. 高粱河之战

北宋灭亡北汉后，削平了中原所有割据政权，距离统一中原只差一步——收复燕云十六州。为此，宋太宗踌躇满志，宋廷些许大臣更是忘乎所以，认为收复燕云十六州就如同翻饼一样容易，积极建议宋太宗乘灭亡北汉之胜威，挥兵北上收复燕云。宋太宗当然也不愿意放弃建盖世之功的机会，于是就听取这些大臣的意见，命令大军北上，发动了意在收复燕云十六州的北伐战争（979年6月）。

宋军开始进攻时非常顺利，一直推进至南京南的沙河才遇到耶律奚底、萧讨古所部兵马的阻击。这支辽兵是辽景宗在宋进攻北汉时，特意派到南境防御宋军灭亡北汉后进攻南京的。但辽兵没有想到宋军会如此迅速地进攻南京，被打了个措手不及，大溃而退，宋军很快推进至南京（今北京）城下。

耶律奚底、萧讨古所部人马并没有退进南京城里，而是继续北退，在南京北清河遇到耶律斜轸所部人马。

耶律斜轸与耶律沙率所部人马在援救北汉途中遭到宋军阻击行进缓慢，没等到达太原城下，北汉便被宋灭亡，两人只好率兵返回，分别驻扎于南京北，耶律斜轸率军驻扎于清河（今北京市清河镇）。他见辽兵新败，不利于与宋军正面交战，便把自己的部队换成耶律奚底军的青色旗帜，引诱宋军来攻，然后指挥主力部队突然出击，打败了北追的宋军。但他并没有挥南下解南京之围，而是仍然驻军清河，形成声援南京之势。

宋太宗来到南京城下，亲自指挥宋军从四面向南京城发起进攻（969年6月23日）。

辽南京守将韩德让不敢怠慢，立即组织城里军民守城。但是，城里军民多为汉人，见宋军前来攻城，一些军民便顿生南归之意，有些汉军甚至偷着翻墙出城，投降了宋军，南京城岌岌可危。

在这个危机时刻，辽将耶律学古率所部兵马前来救援南京，见宋军已经将南京城包围，便挖地道进入城里，谎称辽诸路援军正赶来救援南京，这才稳定住城里军民恐慌局面。随后韩德让与耶律学古一起组织军民昼夜拼力守城，打退了宋军多次攻城，保卫南京城池不被宋军所破。

在南京城被宋军围攻的第8天（979年6月30日），辽景宗才得到消息。一方面把耶律沙、耶律奚底、萧讨古诏到行在责问兵败之故；一方面商议南京战事。

辽廷虽然对宋灭亡北汉后，挥兵北上收复燕云有所准备，但却没有想到宋军会这么快就发动北伐，且进展如此迅速，对战局一时也难以做出正确的判断。在朝廷上，一些大臣甚至主张放弃南京，以兵防守燕山各关隘，以阻击宋军攻占南京后继续北攻契丹腹地。只有耶律休哥力主保卫南京，并请缨率军救援南京。

辽景宗与萧皇后自然也不愿轻易地放弃南京，可对能否击退

宋军心里没底，因此也不敢贸然做出保卫南京的决定，听了耶律休哥的建议后，这才坚定了保卫南京的信心。下令驻守南京境内诸部队前往南京城下救援，命耶律休哥取代耶律奚底率领北院精锐骑兵前往南京增援。命令下达后，夫妻两人对辽兵能否击败宋军仍然心存忧虑，因此只是给了耶律休哥五千五院兵马，而把五院的精锐部队布置在燕山各关隘，以备不测。

耶律休哥率五千精骑首先到达南京城外围，见辽诸路兵马还没有赶到，便没有急于进攻宋军，而是命令将士白天手持两旗呼喊，夜晚手举两火把高呼，大造声势，以迷惑宋军。而宋军对于耶律休哥这支突然出现的部队，似乎也并没有给予足够的重视，即没有派兵攻击，也没有采取什么防御措施。

几天后，耶律沙率所部赶到南京城外围，首先在高粱河（今北京动物园、西直门附近）与宋军相遇，两军战在一起，辽兵不支开始败退。

宋军正沉浸在打败辽兵的兴奋之中，突然耶律休哥、耶律斜轸率所部人马从两翼杀出，耶律沙也率军返回杀入阵中。宋军不知辽兵有多少，心里顿时慌乱起来。南京城里的韩德让和耶律学古见援兵来了，也率军杀出城来。宋军腹背受敌，终于坚持不住了，开始溃败。

宋太宗穿衣戴帽自然与普通将士不同，在战场上格外惹眼。耶律休哥发现了宋太宗的位置后，便打马冲了上去。宋太宗吓得大喊救驾，在大将呼延赞等人的拼力保护下，才得以逃脱，就连腿上中了两箭都不知道，一路向南逃去。

耶律休哥见宋太宗打马逃走，不顾身上三处重伤，打马追了上去。追击一段路程后，由于伤势严重不能骑马，便换乘马车继续追击。

宋太宗一路南逃，身边人越来越少，逃到涿州刚想进城休息一下，又得到辽兵追来的信息，只好又打马南逃。由于慌不择路，连人带马陷入泥潭之中。正在心惊之时，押运粮草的杨业赶到将其救起，然后换坐一辆毛驴车才得以逃命。

耶律休哥追至涿州，遇到宋军阻击，又见宋太宗逃远，这才率军返回。然后与其他几路辽兵一起，将燕云境内宋军肃清，辽廷取得南京保卫战的全面胜利。

北宋建国 20 年来第一次意在收复燕云十六州的北伐战争以失败而结束，史称辽宋这次交兵为"高粱河之战"，亦称"围城之役"。

4．辽宋拉锯战

辽廷取得高粱河之战的胜利后，为了报北宋发兵北伐之仇，在随后的几年间，发动了四次较大规模的伐宋战争。这些战争虽然都发生在北宋境内，但辽并没有占到什么便宜，也没有达到战争的目的。

辽乾亨元年（979 年）九月，即高粱河之战刚刚结束两个月，辽兵分两路开始南下伐宋。这是辽廷在辽世宗耶律阮被弑（951 年）30 年来第一次主动南伐。

辽东路军是南伐主力部队，由南京留守韩匡嗣为都统，南府宰相耶律沙为监军，耶律休哥、耶律斜轸等率所部兵马从征，沿定州、镇州一线南伐。

辽西路军由大同军节度使耶律善补率所部兵马佯攻河东（今山西太原），辅助东路军南伐。

辽东路军进入宋境后，并没有受到太大的阻击，进至满城（今河北满城）才遇到宋军阻击。

宋太宗北伐失败后，已经预料到辽兵会南下报复，因此对防御辽兵南下做了相应的安排，并亲自创制了一套对付辽兵的阵法，取名为八阵法，绘制成图，交给诸将领，命其按图布阵，以御辽兵。

辽兵刚进入宋境，宋军便得知消息，将主力部队聚集在徐水满城一带阻击辽兵，其他几路人马按照事先安排，进入指定地点，准备对辽兵形成合围之势。但是，当辽兵进至满城地区后，宋军在是按照宋太宗的八阵法布阵，还是随机应变按战场形势布阵上，将领们之间发生了分歧。

就战场形势而言，这是辽兵进攻的最佳时机，辽兵多为骑兵，如果趁宋军还没有摆开阵势之前果断出击，就会打乱宋军以阵迎

敌的计划，取得出奇制胜的效果。但是，辽兵最高指挥官韩匡嗣并非军事将才，没有抓住这一有利时机主动出击，而是就地列阵，准备与宋军决战。

正所谓战场机遇稍纵即逝，就在辽兵准备布阵的时候，宋军诸将也统一了思想，改八阵法为两阵法，并派人前往辽营诈降，迷惑辽兵，以寻机杀敌。

韩匡嗣或许还沉浸在南京保卫战的胜利之中，以为宋军不敢与辽兵交战，所以才前来投降，因此准备前去纳降。

耶律休哥看出这是宋军的诱敌之计，劝谏韩匡嗣不要轻易相信宋军会投降，以免中了敌人的诈降之计。可韩匡嗣立功心切，根本不听耶律休哥的劝谏，执意派兵前去纳降。

韩匡嗣是辽兵最高统帅，耶律休哥自然不好再说什么，但他也并没有听之任之，而是对战局做了相应的补救，率领所属部队

占领一块高地，做了应变准备。

果然，前往宋营纳降的辽兵刚走到城门前，突然从东西两侧冲出两队宋军，杀向辽兵。韩匡嗣一见中计，顿时也慌了手脚，机械地命令辽兵后撤，以避宋军锋芒。不料，这又是一步失招。前队一撤，冲动了后军，辽兵顿时乱了阵脚，开始向四处逃窜。埋伏在后路的宋军也乘机掩杀过来，截断了辽兵的退路。辽兵腹背受敌，陷入全军覆没险地。

常言说，有备无患，这话是有一定道理的。在这个危机时刻，耶律休哥率领本部人马从高坡上冲下来，拼力搏杀，才打开了辽兵北撤的通道，韩匡嗣、耶律沙等将领也才得以逃生。但是，辽兵在北撤的途中，又不断遭到宋军的截击，损失惨重，死亡1万多人，被俘3万多人。

辽西路军在行军途中得到东路军兵败的消息后，随即返回了驻地。

辽景宗没有想到此次南伐损失如此惨重，追究了兵败的责任，免去韩匡嗣南京留守之职，降封秦王（两年后病逝）；对有功人员进行奖赏，耶律休哥被任命为北院大王总理南京军事。

辽乾亨二年（980年）三月，即辽兵第一次伐宋失败5个月后，辽廷以耶律沙、耶律斜轸为统帅，率十万辽兵从西路伐宋。但这次伐宋，比上次还不顺利，因为辽兵遇到的是北宋名将杨业，也就是小说《杨家将演义》中的杨令公。

杨业本是北汉大将，北汉灭亡后降宋，被授予领军大将军，赵匡胤灭亡北汉挥兵北伐时，杨业是押粮官，救了赵匡胤一命。辽兵第一次伐宋失败后，赵匡胤或许意识到辽兵还会南伐，便任命杨业为代州知州，镇守雁门关，刚刚到任不久便遇到辽兵从西路伐宋。

辽10万兵马在雁门关外扎下大营，准备寻机攻关。杨业与儿子杨延玉、杨延昭主动出击，各率一路人马，趁天黑从三个方向杀入辽兵营。辽将耶律沙与耶律斜轸没料到宋军会从三面来劫营，仓促迎战，结果是大败而退。

辽乾亨二年（980年）十月，辽景宗亲自挂帅，挥兵南下伐宋，很快便包围了瓦桥关（今河北省雄县）。

宋太宗得到消息后，立即派兵前往救援。辽兵则采取围城打援之策，放缓攻城，把主要兵力用在消灭宋援军上。宋瓦桥关守将张师见援军来了，便率军冲出城来，想借机突围出去。

辽景宗见宋军想突围，亲自上前督战，辽兵将大受鼓舞，拼力搏杀。耶律休哥更是拍马杀入阵中，阵斩张师，宋军被迫又退回城中死守。

辽兵并没有接着攻城，而是在耶律休哥的率领下，乘势大举进攻宋援军。宋援军不支大败南退，辽兵一直杀到莫州（今河北省任丘市），遇上宋主力部队，两军又恶战一场，才收兵北返。随后，辽兵又围攻瓦桥关数日，得知赵匡胤亲自北上御敌的消息后，才撤兵返回南京。

辽廷这次伐宋，虽然没能攻下宋城，但也算是打了一些胜仗，找回了一点前两次伐宋无功而返的颜面，因此辽景宗没有再接着伐宋，而是修整了一段时间。

辽乾亨四年（982年）四月，辽景宗发三路大军再次伐宋，这是他第四次，也是最后一次伐宋。

辽景宗亲自率一路大军南下，辽兵进至满城便遇到宋军主力。两军刚一交战，辽太尉奚瓦里便中流矢阵亡，辽兵大败而溃。辽统军使耶律善补被宋军包围，多亏耶律斜轸及时援救才逃得性命。辽景宗见宋军做了充分的准备，便班师返回了南京。

辽西路两军分别攻打府州（今陕西省府谷县）和雁门，结果雁门一路被宋将潘美（实是杨业）打败，府州一路被宋将折御卿打败。

或许是受伐宋兵败的影响，辽景宗的情绪很是不好，没有返回上京皇都，而是在南京与西京（今山西省大同市）之间游猎起来。游猎来游猎去，便游猎到了祥古山。

祥古山是让辽景宗最难忘、也是最伤心的地方。30多年前，就是在这里，父母、祖母一夜之间被察割杀害。或许是触景生情，辽景宗悲从心中起，再加之南伐的劳累和失败，竟然一病不起。数日后病逝于焦山（982年9月），葬于辽乾陵（今辽宁省北镇境内），庙号景宗。

至此，契丹辽王朝前5位皇帝中，有3位皇帝，即辽太宗、辽世宗、辽景宗都因南伐中原而死。

07

CHAN YUAN ZHI MENG

十二月辰朔，日有食之，既。癸未，宋复遣曹利用来，以无还地之意，遣监门卫大将军姚柬之持书往报。戊子，宋遣李继昌请和，以太后为叔母，愿岁输银十万两，绢二十万匹。许之，即遣合门使丁振持书报聘。己丑，诏诸军解严。是月，班师。

《辽史》

1. 雍熙北伐

辽景宗病逝后，萧皇后在韩德让、耶律斜轸等人的辅佐下，将长子耶律隆绪扶上皇位，是为辽圣宗，萧燕燕则以皇太后身份摄政。

就当时的形势而言，并不容乐观。用萧燕燕自己的话来说："母寡子弱，族属雄强，边防未靖，奈何？"

更为严峻的是，在辽廷皇位更迭、君臣对局势担忧的时候，北宋调兵遣将，准备乘辽廷"母寡子弱"之机再次北伐，收复燕云十六州。而北宋有此想法，说起来有些可笑，那就是把"绯闻"当成了军事情报。

辽景宗病逝后，萧太后为了依靠玉田韩氏家族来巩固皇权，委身韩德让，两人成双成对出入公众场合，由此引起一些契丹贵族的不满，辽廷内外自然也有一些流言蜚语，甚至传到了宋人的耳朵

里。

北宋自高粱河兵败后（979 年），宋廷君臣之间在收复燕云十六州问题上始终存在着分歧，宋太宗本人虽然没有放弃收复燕云十六州的想法，但也是信心不足，没有再发兵北伐。辽景宗病逝，萧燕燕摄政，辽廷母寡子弱，特别是萧燕燕与韩德让的暧昧关系传到宋廷后，宋廷一些大臣觉得有可乘之机，便上书建议趁机北伐收复燕云。其中，宋雄州知州贺令图与其父贺怀联络一些人就上书说："契丹君主年纪幼小，国事决定于他母亲，韩德让受到宠幸当政，国人痛恨他，请求乘这机会来夺取燕蓟。"

很显然，贺令图等人是把萧燕燕与韩德让之间的"绯闻"当成了军事情报。这也难怪，中原人与契丹人的思想观念本来就有区别，就拿男女婚姻来说，契丹人认为寡妇再嫁、离异再婚、男女交媾，都是非常平常之事。但在中原人看来，男女婚姻却是一件非常严肃的事情，寡妇再嫁自然也是要受到许多限制。因此，在宋廷一些所谓的正人君子们看来，萧燕燕以国母之尊与奴隶身份的汉臣

韩德让"偷情"，必定会引起辽廷政坛内乱，宋廷乘机出兵北伐，必定能够收复燕云。

宋太宗虽然也想借辽廷"母寡子弱"之机发兵北伐，但又对北伐信心不足，因此才迟迟没有做出北伐的决定。接到贺令图等人的上书后，宋太宗底气似乎足了起来，并组织了 30 万大军，分三路北伐（986 年 2 月）。东路军以曹彬、米信为正副统帅，率军出雄州（今河北雄县）；中路军以田重进、袁继忠为正副统帅，率军出飞狐（今河北省涞源县北）；西路军以潘美、杨业为正副统帅，率军出雁门（今山西省代县北）。

三路兵马出发前，宋太宗特意向宋东路军主将曹彬嘱咐道："你军不要急于行进，要持重缓慢而行，虚张声势，做出一副攻取幽州的架势，来吸引辽兵主力，以减轻中、西路军的压力，使中、西路军能够快速攻取山后地区，然后三路大军一起攻取幽州。"由此可见，宋太宗的战略意图是：以东路军为北伐主力，缓慢行进，佯攻辽南京，把辽兵主力吸引到东路加以钳制，中西两路军趁机快速行动，攻取山后地区后，再与东路军会师，一举攻取辽南京（今北京市）。

很显然，宋太宗的这一战略部署，是吸取了上次直接攻打辽南京失败的教训，改直接攻打辽南京为先剪除其外援，然后再集中优势兵力攻取辽南京，从而一举收复燕云。从战役初始阶段的进展来看，宋太宗的这一战略部署应该是对的。但是，正确的战略战术制定之后，将领们便成了关键因素，而在这方面，宋东路军诸将的表现就差得太远了。

宋军的北伐行动，自然逃不过辽廷在宋特工的眼睛。辽廷迅速做出反应，下令诸路兵马往援南京。兵分东西两路，耶律休哥为东路军总指挥，率军抵御宋东路军；耶律斜轸为西路军总指挥，率军抵御宋中、西路军。与此同时，萧燕燕与小皇帝辽圣宗也启程赶往南京亲自督战。

耶律休哥率东路军首先到达预定地点，见辽诸路援军没有到达，就没有与宋军正面交战，而是采取袭扰之策，一边阻碍、迟缓宋军进攻速度，一边等待援军，以寻机反攻；耶律斜轸的西路军采取避敌锋芒之策，没有主动迎击宋军，而是积极防御，待机反攻。因此，战役开始时，宋三路大军进展都非常顺利，东路军一路攻取新城（今河北新城县境内）、固安（今河北固安县）、涿州（今河北涿州

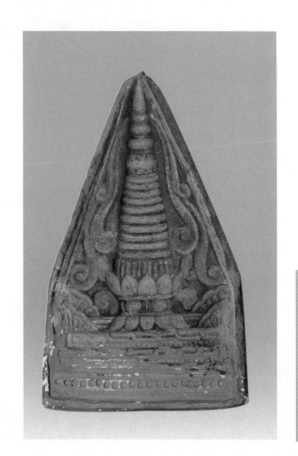

市）；中路军顺利攻下飞狐、灵丘（今山西灵丘县）、蔚州（今河北蔚县）；西路军更是高歌猛进，连克寰州（今山西朔县东北）、朔州（今山西朔县）、应州（今山西应县）、云州（今山西大同市）。

随着宋军的深入，耶律休哥所采取的袭扰之策，效果逐渐显现出来。他夜间派一些残弱老兵袭扰宋军，使其不能很好地休息，白天则派精锐骑兵大张声势，埋伏于山林间，断绝宋兵粮道。宋东路军受到辽兵袭扰，疲惫不堪，在涿州城里滞留十几日，粮草断绝，只好撤军回到雄州补充后勤。

宋太宗在得到中、西两路军捷报时，心里非常高兴，但在得到东路军攻取涿州的消息后，心里却很是担心。因为东路军进军如此迅速，显然是没有贯彻他提的东路军佯攻辽南京以声援中西两路军的战略意图。当得到东路军又退回到雄州补充后勤的消息后，更是大吃一惊，他没有想到宋东路军会在大敌在前的情况下退军补充粮草。于是急忙命令东路军不得再北进，逗留于白沟河一线，与中路军保持距离，虚张声势，等待西路军攻取山后全部地区后，三军再齐头并进，一举攻取辽南京。但是，命令下达到东路军后，

诸将见中西路军捷报频传，也都立功心切，不甘停滞不前，就强烈要求北进击敌。主将曹彬此时也没有了主意，

在诸将的强烈要求下，竟然又带了 50 天的粮食，率大军再次北上进攻涿州。

　　此时战场形势已经发生了变化，辽诸路援军陆续到达南京境内，萧燕燕与小皇帝辽圣宗也在涿州东 50 里处扎下行帐，做好了与宋军决战的准备。

　　辽诸路援军虽然陆续到达，但耶律休哥并没有立即发动反攻，而是仍然采取袭扰之策，以疲惫宋军。这一战术又是立竿见影，取得了奇效。宋东路军在辽兵的袭扰下艰难北行，待到达涿州时已是疲惫之师，更糟糕的是粮食再次断绝，只好再次放弃涿州南返。

　　耶律休哥没有再让机会溜走。上次宋军从涿州南退时，辽援军还没有到达，他因此没有乘机追击，可这次辽援军已经达到，可以与宋军一战，自然是不会再坐失击败宋军良机。因此，他率领大军尾随宋军南下，在岐沟关（今河北省新城县）对宋军形成围攻之势，两军展开一场恶战。

宋军本是疲惫之师，自然不是辽兵对手，更没有与辽兵拼杀的信心，纷纷夺路逃命。主将曹彬和副将米信也不例外，拼力厮杀并借夜色才冲出辽兵重围，然后向南败退下去。

耶律休哥率军一路追杀，在拒马河再歼敌一阵，在沙河（今河北省易县东）又屠杀宋军数万，经此三役，宋东路军损失过半。

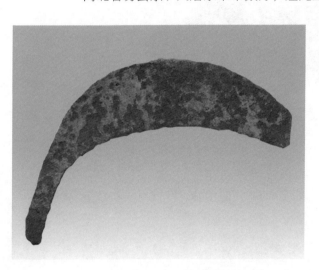

耶律休哥命人将宋军尸体堆集成小山，取名为"京观"，用以炫耀武力，威吓宋军。

与此同时，萧燕燕与小皇帝辽圣宗也赶到沙河岸边。耶律休哥建议乘胜前进，夺取河北之地，以黄河为界与宋成南北之势。萧燕燕对形势则有着清醒的认识，认为宋东路军虽败，但中西路军还没有被击退，还不是攻取河北的时候，因此没有同意耶律休哥的建议，而是分出一部分辽兵前去增援西路军，命耶律休哥整军待命，做好南伐的准备。

宋太宗得到东路军兵败的消息后，彻底失去了北伐的信心，下令中、西两路军停止北伐，田重进的中路军屯驻定州（今河北省定县），潘美的西路军退守代州（今山西省代县），迁云、应、朔、寰四州百姓分置河东（今山西省太原市）、京（今河南省开封市）

西。

宋中路军田重进部攻下蔚州后，便受到辽兵阻击，没能再向北推进，得到赵匡胤退兵的命令后便引兵而退，算是整师而还。

宋西路军可就惨了。中路军退走后，西路军还在组织迁徙云、应、朔、寰四州百姓，从而成为一支孤军，暴露在辽兵面前。

辽宋两军交战初期，辽主力部队用于迎击宋东路军，耶律斜轸所率领的辽西路军兵力单薄，对宋中、西路军并没有主动反击，而是处于防御态势。当东路战事结束后，耶律斜轸得到援军，遂率 10 万大军对宋中、西路军展开反攻。

辽西路军首先遇到的宋军，正是把"绯闻"当军事情报、上书建议宋太宗北伐的贺令图部。不过，此人显然是只会嘴上功夫，并没有马革裹尸的精神，两军刚一交战，便溃败而去。耶律斜轸率军追击，在五台山追上宋军，斩杀数万，收复蔚州。接着南进，在飞狐又击败宋西路军主将潘美

派往援救蔚州的人马，乘胜又收复寰州。

此时，宋西路军诸将正保护着百姓迁至朔州境内的狼牙村，得到辽兵收复寰州的消息后，开始商量对策。副将杨业提出了避敌主力，以计取胜之策，而监军王侁则主张与辽兵正面交战，大大方方地把百姓迁出来。

就当时的形势来看，杨业的主张无疑是正确的。但是，他本是北汉降将，又曾打败过北宋很多征讨北汉的将领，因此降宋后在军中的地位并不是很高，同时还受到北宋诸多将领的嫉妒。王侁就是其中之一，他先是讽刺杨业之计是不敢与辽兵作战，进而怀疑其有投辽之嫌。杨业本是一介武夫，性格耿直，对宋廷忠心耿耿，自然是忍受不了王侁对他的怀疑和污辱，为了表明自己的忠诚，主动请缨率军前去迎敌。

主将潘美本是北宋著名军事将领，应该说对当时的局势也有着清醒的认识，心里自然也清楚杨业之计是为上策。但是，他心

里也很嫉妒杨业的"杨无敌"之名，对两人的争执没有表态，反而默许了杨业的请求。

杨业见主将潘美同意了自己的请求，自知此去必死，但还是对生抱了一线希望，指着前方的陈家谷口，请求主将潘美派兵在那里接应自己，然后率军奔向朔州。

杨业虽然受到北宋将领的嫉妒，但在辽军中却享有很高的知名度，既是辽军诸将敬畏的对手，同时也是辽军诸将在战场上重点猎取的对象。因此，耶律斜轸得到杨业出兵的消息后，即谨慎又高兴，派大将萧挞凛率兵在途中设下伏兵，自己则亲率一支部队诱敌，准备伏击杨业。

战役的发展和双方的预想完全一样，杨业在途中遭到辽兵伏击，损失惨重。不过，他与两个儿子杨延昭（即杨六郎）和杨延玉凭一身绝技，边战边退，还是退到了陈家谷口。但是，此时的陈家谷口却是空无一人。

原来，潘美在杨业率军走后，确实率军在陈家谷口设下埋伏，以接应杨业。但是，等了一段时间后，见杨业没有踪影，王侁便就又动起了歪心，认为杨业肯定是打了胜仗，想独吞战功，于是建议率军前去争功，潘美则附和而行，结果没等走出多远，便得到杨业遭到伏击兵败的消息。按理说，作为主将的潘美这时候应该率军前去救援才是，可谁也没有想到，他不仅没有率兵或派兵前去救援，反而率军返回了代州，把在陈家谷口接应一事也撇在了一边。

杨业见陈家谷口空无一人，知道大势已去，只好与辽兵拼死搏杀。此时，辽兵源源不断赶到，将宋军团团包围起来。耶律斜轸见杨业已是手中之物，便下令对其只许活捉不许伤害。

杨业武艺高强，辽兵根本近不了他身前。辽将耶律奚底不禁恼怒，一箭将其射于马下，大将萧挞凛打马上前将其擒住，其余宋军除杨延昭杀出重围之外全部战死。

耶律斜轸对杨业非常敬重，对杨业说道："你与我国交战三十多年（杨业从降宋到被辽所擒，在宋朝为将只有七年，耶律斜轸说其与辽国交战三十年，是把杨业在北汉为将的二十多年也算在内了），今天还有何面目与我相见？"接着好言相慰，劝说杨业归降大辽。

杨业则叹息道："皇上厚待我，本想保卫边境击破敌人以报君恩，却反而为奸臣所嫉恨，威逼着我去赴死，致使王师大败，又有什么面目求生于世啊！"绝食三天而亡。

云、应等地宋军得到杨业被俘而死的消息后，皆弃城而逃。至此宋军所攻占诸城全部回到辽军手中，辽廷获得燕云保卫战的全面胜利。

宋廷这次北伐发生在宋雍熙三年，史称雍熙北伐。宋廷在这次北伐中损兵 20 万，建国以来所选练的精锐部队几乎丧失殆尽。雍熙北伐是辽、宋关系的一个转折点，此役之后，辽对宋取得战略上的主动权，宋对辽则处于守势，再没有信心北伐了。

2. 历史上的杨家将

北宋雍熙北伐中被辽兵俘虏绝食而死的杨业，就是民间杨家将故事中的杨业、杨令公，又名杨继业。今人对契丹、辽的认知，大多是通过民间传说的杨家将故事。但是，杨家将故事多出于演义，要了解历史上的杨家将，还要从杨业说起。

杨业，本名杨重贵，麟州（今陕西省神木县）人，其父杨信曾为五代时期后汉、后周麟州刺史。杨业从小就擅长骑马射箭，尤

其喜欢打猎，表现出与众不同的军事天赋。刘崇主政太原时，杨业（时名杨重贵）被父亲送到太原以拉近与刘崇的关系或为人质（约947年左右），被刘崇之子刘承祐（北汉第二任皇帝）收为养子，赐姓名为刘继业。刘崇在太原称帝建立北汉政权（951年），杨业遂为北汉军事首领，在抵御中原的后周和北宋进攻北汉战争中多次打败中原军队，被时人称为"杨无敌"。

辽乾亨元年（979年），宋太宗赵匡胤挥兵北上攻打北汉（979年），杨业率兵奋力守卫太原城，在北汉皇帝刘继元开城投降的情况下，杨业仍然率所部兵马在城南与宋军战斗。宋太宗赵匡胤素闻"杨无敌"威名，命刘继元去劝说杨业投降。杨业在刘继元的劝说下，大哭一场后归降宋朝。宋太宗让其恢复原来杨姓（时称刘继业），名业，亦称杨继业，出任宋右领军卫大将军、郑州防御使。

杨业戎马一生，先后事两主，即北汉、北宋，其中事北汉30

余年（约 947—979 年），事北宋
7 年（979—986 年），期间杨业
与辽先友后敌。

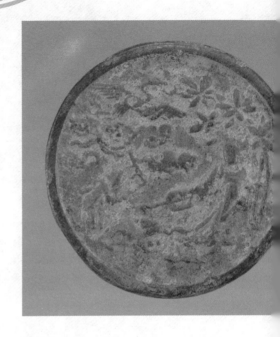

杨业担任北汉军事将领 30
余年间，辽与北汉为父子之国关
系，双方联合对抗中原的后周和
北宋政权。杨业所在北汉部队与
辽兵是盟军，基本上不存在杨业
抗辽的事情。不过，这期间辽时
有欺凌北汉现象，杨业是北汉军
队中对辽持强硬态度的代表人物，
曾劝北汉皇帝刘承均"奉国归宋"，
可惜的是没有被采纳。

杨业事宋 7 年间，宋与辽关系紧张，不断发生战争，杨业率
所部兵马参加了宋与辽的战争，期间有三次较大规模的战役值得
着笔。

宋太宗第一次北伐战争，即上文的"南京保卫战"（979 年）。
杨业在这次战争中并没有随赵匡胤一起攻打辽南京（今北京市），
而是担任押粮官。在押运粮草至涿州南时，遇上从高梁河战役中
败逃下来的宋太宗连人带马陷入泥潭中。杨业将宋太宗救起，给
了他一辆毛驴车继续南逃，自己则率部断后，击退辽大将耶律休
哥的追击兵马。此役之后，宋太宗以杨业"久习边事，洞晓虏情"，
对防御辽兵有丰富经验，故派他去河东前线，任知代州，并兼三
交驻泊兵马部署，受北宋河东主帅潘美节制，主要任务是镇守代
州防御辽兵南下。

辽乾亨二年（980 年）三月，辽廷为了报复宋攻打辽南京，

以耶律沙、耶律斜轸为统帅，率10万辽兵从西路伐宋，兵临雁门关下。时杨业刚刚调任宋代州知州，与儿子杨延玉、杨延昭主动出击，各率一路人马，趁天黑从三个方向杀入辽兵营，打了辽兵一个措手不及，斩杀辽兵将无数，辽兵大败而退。这次战役虽然有宋军主将潘美参与，但主要是杨业父子之功，是杨家将抗辽且以少胜多的一个经典战例。此役之后，辽兵亦称杨业为"杨无敌"，见到宋军中的"杨"字旗号不敢再贸然用兵。

辽统和四年（986年），宋太宗发动雍熙北伐（986年），杨业为宋西路军副统帅，其两子杨延玉、杨延昭为先锋，率领宋西路军摧城拔寨，高奏凯歌，连克寰州（今山西省朔县东北）、朔州（今山西省朔县）、应州（今山西省应县）、云州（今山西省大同市）等州城。由于宋东路军失利，宋太宗赵匡胤取消北伐计划，命令宋西路军停止前进，保护四州百姓南迁。宋西路军主帅潘美和监军王侁嫉妒杨业功名，先是不听杨业建议导致宋军被动，后又不遵守约定从陈家谷撤伏，导致杨业父子被辽兵包围全军覆没。杨家父子三人，杨延昭拼力搏杀冲出包围，杨延玉战死，杨业被俘拒降绝食三日而死。

对于杨业父子的死，宋廷给予了抚恤，追赠杨业为太尉、大同节度使，录其诸子为官。对于杨业之死负有主要责任的潘美只是象征性免去虚职，王侁削除官籍，充军发配等。

辽廷君臣对杨业则很敬重。辽将耶律斜轸将杨业包围在陈家谷后，下令不许伤害杨业。辽将耶律奚底因违背命令将杨业射于马下，在论功行赏时没有得到奖赏。杨业绝食而死后，耶律斜轸将其人头割下送给萧燕燕报功，萧燕燕命人将杨业人头送给耶律休哥在军中传示，然后命人在古北口修建了一座"杨无敌庙"供人祭祀。

　　杨业生有七子，即杨延朗、杨延浦、杨延训、杨延玉、杨延瑰、杨延贵、杨延彬。诸子中，长子杨延朗（杨延昭），即小说中的杨六郎名声和功绩最为卓著。他在辽宋边关为将20余年，成为北宋抗辽名将，1014年卒于宋高阳关副都部署任上，时年57岁。杨业第四子杨延玉战死陈家谷，其他五子在杨业死后皆加封官职或录官，事迹不见于史籍。杨延昭有三子，第三子杨文广最有名，曾随狄青、范仲淹抗击西夏，立有战功。

　　从史籍记载来看，杨家将中只有杨业、杨延玉、杨延昭父子三人与辽有过交兵。不过杨家将故事却与辽有着千丝万缕的联系，其中的"四郎探母"和"佘太君挂帅"有可能就取材于辽。

　　"四郎探母"有可

能取材于辽初名臣韩延徽幽州探母的故事。上文已经提及，韩延徽是辽太祖21位佐命功臣之一，原为幽州刘仁恭、刘守光父子幕僚，在出使契丹时被辽太祖留在身边倚为左右手。李存勖灭亡幽州刘仁恭父子据有幽州后，韩延徽离开契丹回到幽州探望母亲后投奔了太原为官，后因奸人陷害又离开太原回到契丹。辽太祖问韩延徽为什么逃走又回来，韩延徽回答说："忘记亲人是为不孝，背弃君王是为不忠，我虽然只身逃走，但心里却始终想着陛下，所以探望完母亲就又回来了。"辽太祖听后非常高兴，不仅没有责怪韩延徽，反而对其更加信任。根据史籍记载，杨业子嗣中并没有人被俘入契丹，更没有人被辽廷招为驸马，四郎探母显然是取材了韩延徽幽州探母故事。

"佘太君挂帅"有可能取材于辽摄政萧太后。杨家将故事中的佘太君是元明时期民间戏剧中的人物，正史中并无此人。据有关资料介绍，杨业妻子为折氏，"折"与"佘"音近，是否属实尚无定论。杨业父子与辽作战时，正值辽摄政萧太后佐丈夫辽景宗和儿子辽圣宗执政的40年间（969—1009年），期间不论是《宋史》还是《辽史》均记载萧燕燕多次率军与宋作战，却无杨业妻子及女儿、儿媳与辽交战的记录。也就是说，杨家将故事中杨门女将与辽交战的故事纯属虚构，而佘太君挂帅甚至杨门女将的故事，应当就是取材于萧燕燕率军与宋作战的事迹，亦即民间杨家将故事中的佘太君是以萧燕燕为原型而塑造出来的人物。

说到杨家将故事自然少不了潘仁美这个人物，此人就是北宋雍熙北伐西路军主帅潘美，潘仁美是杨家将故事中虚构的名字。不过，潘美并非杨家将故事中的奸臣形象，而是北宋初期著名军事将领，出生于925年，今河北省大名县人。

潘美早隶后周世宗柴荣（时为后周开封尹）手下，在开封府干事。柴荣即位后周皇帝，潘美补供奉官，随周世宗柴荣参加了高平大战，以功提升为后周西上阁门副使（954年）。期间，潘美与赵匡胤关系不错，曾参与宋太祖陈桥兵变，以功受到宋太祖重用，在北宋统一战争中发挥了重要作用。因率军平定南汉割据政权晋升北宋山南东道节度使（970年），又在平定南唐战争中以功拜北宋宣徽北院使（974年）。宋太宗即位后，潘美改任宣徽南院使。此后潘美以宋军主将身份参加了宋太宗对北汉和辽的战争，期间曾先后被任命为太原行府事、知幽州行府事。这两个官职都是宋攻打北汉和幽州前授予的，实际上就是北宋一旦攻取太原（北汉都城）和幽州（辽南京），便由潘美来负责处理太原和幽州善后事宜，由此可见潘美在北宋军事将领和宋太宗心目中的地位。

北宋高梁河兵败后，潘美出任河东（今山西省太原市）三交都部署，驻守西北部，主要防御契丹南下，为驻守代州的杨业的顶头上司，曾多次打败辽兵南下，以功封代国公、改忠武军节度使、晋封韩国公。

雍熙北伐中，潘美任宋云、应、朔等州都部署、宋西路军主帅，

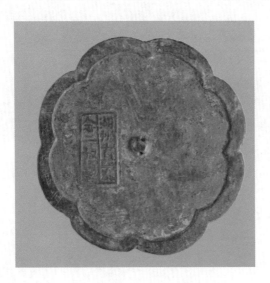

从西路攻取幽州。潘美率军出雁门即遇上辽兵，经过一番激战击退辽兵，进而攻取寰州、朔州、应州、云州。由于宋东路军惨败，宋太宗取消北伐计划，命中、西两路军回撤，潘美的西路军因保护寰、云、

应、朔等州百姓一起南撤，结果成为一支孤军暴露在辽兵面前，处于被动境地。当时，潘美因没有采纳副将杨业的正确建议，而是默许了监军王侁的行为，从而导致杨业在陈家谷口全军覆灭，杨业被擒绝食而亡。潘美因此受到责任追究，被削官三级，次年复起用（987年），4年后即北宋淳化二年（991年）病逝。杨

家将故事便是以陈家谷口战役为蓝本，将潘美写成奸臣。从史籍记载来看，宋太宗战略上的失误，是导致北宋雍熙北伐失利及西路军失败的主要原因。潘美作为北宋西路军主帅，虽然对杨业之死负有不可推卸的责任，但监军王侁应对此负主要责任。宋廷在追究雍熙北伐失败责任时，曹彬、米信、潘美等主将受到降职处分，王侁则被消除官籍、充军发配。

　　从宋朝（包括北、南宋，下同）历史来看，就武将而言，不论是功勋威望还是官职爵位，潘美都位居前列。正因为此故，南宋理宗赵昀在天庆二年（1226年），为了表彰为国家做出突出贡献的勋臣，挑选了宋朝（包括北、南宋）开国以来24位文武功臣，图其像于昭勋阁以表其功，其中武将只有5人（北宋4人），潘美居其一（其他4人为曹彬、李继隆、曹玮、韩世忠），列24功臣第5位，武将第2位（曹彬之后），这足以说明潘美对宋朝的贡献及历史地位。

3. 徐河之战

宋太宗所发动的雍熙北伐与第一次北伐（979年）时隔八年，但结果却是一样的，那就是以失败而结束。不仅如此，就连辽廷的反应也都是一样的，那就是在接下来的几年间，辽廷不断出兵南下伐宋，以报复宋廷北伐，这其中以徐河之战最有影响。

辽统和四年（986年）十一月，即宋廷"雍熙北伐"结束两个月，萧燕燕与辽圣宗亲统大军，以耶律休哥为先锋开始南下伐宋，以报复宋廷北伐。

辽兵此次南伐两月有余，对宋境进行了大规模抢掠，先后攻掠了定州、镇州、望都、泰州、瀛州、雄州、莫州等地，接连攻陷了杨团城、冯母镇、祁州（今河北省安国市）、邢州（今河北省邢台市）、深州（今河北省深州市）、束城县（今河北河间市东北）、文安城等州县城。这期间，辽宋两军在瀛州（今河北省河间市）有过一场激战（986年12月），辽兵全歼宋将刘廷让部数万人，之后宋军就只有守城不出的分了，而辽兵则大肆抢掠，杀官吏、屠士兵，掳掠妇女老幼而归（987年正月）。

辽兵这次南伐还有一个小花絮，驻守雄州的宋将贺令图（即上书建议赵匡胤北伐收复燕云之人），自我感觉对辽廷情况很是了解，在北伐失败后还仍不死心，仍然坚信萧燕燕与韩德让的"绯闻"会造成辽廷动乱，也仍然幻想着可以借机收复燕云。因此，他在宋廷北伐失败后，派人给耶律休哥送去许多珍奇珠宝，企图策反其以燕云来归。耶律休哥是何等的聪明，觉得贺令图这样的人可以利用，便敷衍行事，说等机会成熟便以燕云来归。等到这次南伐，耶律休哥在瀛州大败宋军后，便心生一计，率军来到雄州城外扎下行帐，派人对贺令图说："萧燕燕用人不公，韩德让把持朝政，

自己得不到重用，率军前来归降，请贺令图出城到行帐面商具体事宜。"

　　按理说，耶律休哥正率大军在宋境大肆抢掠，怎么可能投降呢？可贺令图利令智昏，还以为自己的策反计划成功了，立不世之功的机会来了，便不顾诸将的劝阻，竟然出城前往耶律休哥行帐，结果没等进入行帐，就被耶律休哥一声令下捆绑起来，羞辱一番后斩首。

　　从这件事可以看出，宋廷君臣、包括一些镇守边关的军事将领对契丹人的了解，根本不得要领，仍然把已经崛起的契丹民族看作是不开化、愚昧落后的民族，这也是北宋在与辽的对抗中始终处于劣势的一个根本原因，同时，这也不能不说是北宋君臣的一种悲哀。

　　辽统和六年（988年）九月，萧燕燕与辽圣宗亲率大军南伐。这次南伐虽然遭到了宋军的一些抵抗，辽大将萧挞凛、萧恒德等均在攻打涿州时受伤，但辽兵并没有受到宋军的有效阻击，连陷涿州、沙堆驿、狼山寨（今河北省易县西南）、益津关、长城口（今河北省徐水县西北）、满城、祁州、新乐、小狼山寨等城池，进入唐河以北地区才受到宋定州都部署李继隆、监军袁继忠所部的强力截击。而此时，辽兵已经在宋境抢掠近五个月时间，也已是疲劳之师，不宜再与宋军大规模作战，萧燕燕这才下令诸路辽兵停止抢掠，班师北返（989年正月），而在回军途中，又顺路攻取了易州（从此易州归辽所有至辽亡）。

此后，萧燕燕改大规模南伐为小规模袭掠，命驻守南京的耶律休哥经常率军进入宋境抢掠。而宋廷也得到了喘息之机，向河北调兵遣将，加固城防，以防止辽兵再大规模南伐。

辽统和七年（989年）七月，耶律休哥得知宋将李继隆率军向威虏军（即遂城）护送粮草的信息后，率领几万精骑前去抢截，进入宋境不久便碰上在边境巡逻的宋兵，宋将尹继伦吓得赶紧躲避树林中。耶律休哥见宋军只有一千来人，不值得一战，就没有理会而是继续南下。

尹继伦见辽军没有理会自己，知其轻视宋军，便心生一计，率领所部尾随

在辽兵后面，以寻机偷袭，出奇制胜。

耶律休哥率大军进到徐河北岸，见天还没有亮，就命令大军就地扎营吃饭，准备吃完饭后再攻击河南岸的宋将李继隆所部。

此时，宋将李继隆也早已得到耶律休哥率军前来劫粮的消息，因此在徐河南岸摆开阵势，做好了迎击辽兵的准备。同时，派人与尹继伦部联系，约定前后夹击以破辽兵。

尹继伦见李继隆部也做好了进攻辽兵的准备，信心大增，乘辽兵吃饭之机，率军杀向辽营。

辽兵只是对徐河南岸宋军加以防范，没有想到背后会杀出宋军来，加之正在吃饭不在马上，没有作战的准备，顿时乱成一团。

耶律休哥也正在帐中吃饭，得到宋军前来劫营的消息，连忙扔掉手中的匕箸，准备组织人马迎战，不料刚出行帐，便被杀到近前的宋军砍中了手臂，急忙跳上战马逃走，辽兵也随之溃败而去，混乱中被践踏而死者无数。与此同时，李继隆也率领大军冲过河来进攻辽营，与尹继伦部合军一处追击辽兵。

耶律休哥伤势很重，无心思组织辽兵再战，一路北败逃回南京。这是他一生中所经历的唯一一次败仗，也是他人生中最后一次大战。

这次战役因发生在徐河，因此史称"徐河之战"。

如果说雍熙北伐是宋辽关系的一个转折点的话，那么徐河之战是辽宋关系的又一个转折点。如同宋廷雍熙北伐失败后，放弃以武力收复燕云的想法一样，徐河之战后，萧燕燕也意识到辽廷不可能以兵征服宋廷，因此也放弃了南伐的打算，在此后的几年，辽国没有再举兵南伐，也没有再出兵抢掠宋境。

4. 澶渊之盟

徐河之战后，辽宋进入冷战状态，双方都心照不宣，没有什么"越轨"行为。特别是耶律休哥坚决执行萧燕燕不许入宋境抢掠命令，严格管束边境将士不得惹是生非，就是宋方有牲畜跑到辽境来，也不允许扣留，而是派人送回，辽宋边境出现了几年少有的和平局面。但是，这一切都随着宋太宗病逝而改变。

辽统和十五年（997年），宋太宗终因第一次北伐（979年）所受箭伤复发病逝，赵恒继承皇位，是为宋真宗。深谙政治之术的萧燕燕，决定再次举兵南伐，以武力来观察宋朝新朝廷对辽的态度。不料，正在准备南伐的过程中，耶律休哥病逝（998年），但这并没有动摇萧燕燕南伐的决心，她任命次子耶律隆庆接替耶律休哥为南京留守，接着准备南伐事宜。

辽统和十七年（999年）九月，萧燕燕与辽圣宗亲统大军南下伐宋，不料没等进入宋境，北院枢密使耶律斜轸又病逝军中。但是，萧燕燕还是没有因此而放弃南伐，而是任命韩德让兼任北院枢密使，以次子耶律隆庆为先锋，继续大举南伐。

辽兵这次南伐用时四个月，仍然采用十年前南下抢掠策略，数路并进，分兵抢掠，多点开花。一路辽兵攻破狼山镇石寨后，深入祁州、赵州、邢州（今河北省邢台市）、洺州（今河北省永年县东）一带抢掠；另一路辽兵在瀛州击败宋军的阻击后，乘胜自德州（今山东省陵县）、棣州（今山东省惠民县）渡过黄河，进入淄州（今山东省淄博市淄川区）、齐州（今山东省济南市）境内抢掠。当得到宋真宗亲到河北大名府（今河北大名县）督军御敌的消息后，萧燕燕才下令辽兵停止抢掠，分道北返（1000年正月）。

在辽兵这次南伐过程中，遂城和瀛州之战值得书写一笔。遂城是辽廷记忆犹新的地方，十年前的徐河之战就是耶律休哥率兵前往遂城截取宋军粮草而所发生的，因此，辽兵此次南伐把遂城选为第一个攻打目标，不料却在这里碰了钉子。这倒不是因为遂城城池坚固，而是守将英勇，镇守遂城的宋将正是杨业之子杨延昭（即杨六郎）。本来遂城城墙矮小，易攻难守，但是杨延昭组织城内

军民奋力守城，白天打退辽兵的多次进攻后，夜间向城外泼水冻冰护城，使辽兵无法攻城。萧燕燕闻讯赶到城下，亲自指挥攻城也无济于事，辽兵只好绕城而过。不过，萧燕燕始终没有忘记遂城，在其他地区抢掠一段时间后，再次率兵攻打遂城。杨延昭仍然以冰护城，辽兵只好望城兴叹，几天后撤走。

与遂城之战形成鲜明对比的是瀛州之战。辽兵南伐之前，宋廷就已经得到消息，并做了相应的防御准备。宋镇州、定州、高阳关三路都部署傅潜承担了防御辽兵南下的重任。不料，此人却是一个胆小懦弱之辈，当辽兵进入宋境后，他不仅闭城死守，不率兵也不派兵阻击辽兵，坐视辽兵大肆抢掠，而且还破口辱骂请战诸将。副将范廷召见傅潜如此行为，不禁大怒，大骂傅潜不如一个老太太。傅潜被骂无奈，这才给了范廷召一万兵马前去迎敌。范廷召自知兵马太少，难以战胜辽兵，便向宋高阳关请求援军。高阳关都部署康保裔也很仗义，亲率精兵前来增援，两军相约第二日黎明在瀛州西南的裴村与辽兵决战。不料，范廷召部与辽先锋官耶律隆庆所部相遇，两军战在一起，宋军大败而逃。而范廷召忙着逃命，竟然没有把兵败的消息告诉康保裔部。待到天明，康保裔这才发现自己部队已经被辽兵团团包围，只好孤军奋战。宋军战至弹尽粮绝，在援军不到的情况下全军覆灭，康保裔也被辽兵俘虏（康保裔被俘后，在辽廷官至节度使）。

如此看来，北宋对辽作战并非不胜，关键在用人。如果北宋

多用几个杨延昭之人而少用几个傅潜之辈，也不至于在与辽的交锋中屡屡败北啊！

在随后的几年间，辽兵虽然不断南下宋境抢掠，但由于宋廷加强了防御，辽兵并没有占到什么便宜。

辽统和二十一年（1003年）四月，辽廷再次举兵南伐。辽兵进入宋定州境后，在望都遇到宋军的顽强抵抗，两军从午后战至半夜，第二天黎明又接着大战，结果还是辽兵略胜一筹，不仅击败宋军，而且俘虏宋军副将王继忠。

辽兵这次南伐成为辽宋关系的又一转折点，原因也很简单，那就是王继忠被俘。

王继忠六岁便入仕成为时为藩王的宋真宗的随身侍从，后来又成为其亲信，宋真宗即位后，王继忠遂得到迅速提拔，官至宋高阳关副都部署、云州观察使，这次作为宋军副将率军阻击辽兵被俘。传说，宋真宗在藩邸时，一天心血来潮，找来一位算卦先生给身边人算命。当算到王继忠时，算命先生不禁大惊道："此人之命甚惊奇，半生食汉禄，半生食胡禄。"宋真宗认为此言可笑，便把算卦先生撵出了府衙。此事是否属实暂且不提，而王继忠的命运，却应了算命先生的话。

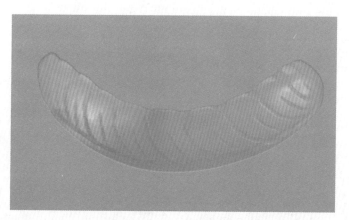

萧燕燕掌握了王继忠与宋真宗的特殊关系，为了从他身上多了解一些宋廷的情况，授予其户部使，并把开国功臣康默记的族

女赐给他为妻，加以感化。王继忠也早就听说过萧燕燕的威名，见面后更为其才智和诚心所折服，遂投降了辽廷。不过，王继忠虽然投靠了新主，却也没有忘了老东家。他知道宋真宗从心里不愿意与辽交战，便借萧燕燕寻问宋廷情况之机，陈述南北交战之害与通好之利，劝说辽与宋罢兵休好。

战争是把双刃剑，辽连年对宋用兵，在给宋造成巨大损失的同时，也造成了自身人马损失和国力消耗。萧燕燕并非穷兵黩武之人，早就意识到了这一点，因此也在考虑如何改变辽宋关系问题。当王继忠向她提出辽宋通好的建议后，她敏锐地感觉到宋廷有与辽议和之意，这也正是自己用武力威慑宋廷想要得到的结果。同时，她从王继忠身上也看到了辽宋议和的可能，因此果断决定与宋廷议和，并想好了议和条件——向宋廷索要关南十县地（即辽穆宗朝被后周世宗柴荣所攻取的瓦桥关、益津关、淤口关等三关十县地）。不过，深谙政治之术的萧燕燕，深知议和是需要筹码的，只有用武力做后盾，才能掌握议和的主动权，为此她双管齐下，一方面继续对宋用兵，一方面让王继忠向宋廷传递议和信息。

　　辽统和二十二年（1004年）九月，辽廷兴兵二十万，大举南下伐宋，辽兵很快攻掠到宋定州境内。

　　辽兵如此大规模的南伐行动，果然在宋廷引起了很大的震动。宋真宗召集群臣商量对策时，除宰相寇准等少数人主张迎敌，并劝宋真宗到澶州督战外，一些大臣害怕辽兵打到汴京，有的竟然劝宋真宗到金陵（今南京市）或成都逃难。在寇准的坚持下，宋真宗才最终答应到澶州督战。与此同时，王继忠关于辽宋议和的信件递到宋真宗手里。

　　宋真宗虽然有与辽议和的想法，但始终担心辽会借议和之机索要关南十县地，因此并没有主动派人到辽廷议和，看完王继忠的信件后，心里也很矛盾：议和吧，又怕辽廷索要关南十县地，不议和吧，又从心里不愿意与辽廷交战，因此左右为难，犹豫不决。

　　大臣毕士安看出了宋真宗既想议和又怕失地的矛盾心理，就建议说辽议和有诚意，应该派人前去辽营议和。

　　听了毕士安的话后，宋真宗对议和又增强了点信心，但是，为了把握起见，他并没有派使臣前往辽营议和，而是亲手给王继忠写了一封信，让其斡旋两边，成全议和之事。

　　萧燕燕见宋真宗既想议和又不派使臣来，便授意王继忠再给宋真宗回信，让其先派人来辽营议和。同时，命令辽诸路大军，加快进攻步伐，继续向宋廷施压，促使其加快议和步伐。一时间，辽兵加快进攻节奏，攻瀛州，破祁州，数路辽兵杀向大名府（今河北省大名县）。

　　与此同时，宋军也不断与辽军作战，阻击和迟滞了辽军的进攻，攻打瀛州的辽军伤亡三万余人仍没有攻下瀛州城，进攻大名府的辽军也没有什么进展，其他几路辽军有的还被打败，战争进入胶着状态。

一般来讲，当战争进入胶着状态后，双方主帅的信心和耐力便成为决定战争胜负的关键因素，而在这方面，宋真宗又输了一招。他见辽军攻至大名府，就有些坐不住了，大名府一旦失守，辽兵马蹄一动便到达黄河威逼汴京。就在他心里不安的时候，又接到王继忠催他主动派人议和的信件，于是，连忙派曹利用前往辽营议和。

　　曹利用带着宋真宗亲手写给耶律隆绪的议和书信走到大名府时，却被大名府守将王钦若留在了城里。

　　萧燕燕见宋议和使臣还不到，便让王继忠再写信催促宋真宗，宋真宗则回信说议和使臣已经派出，让辽廷派人前往大名府议和，而萧燕燕则坚持宋使臣到辽营议和。接下来双方就此事又往来几个回合。就在这时，战场形势又发生了变化。

　　攻打大名府的辽兵见攻不下城池，便分兵南下攻陷了德清军（今河南省清丰县），进而兵逼澶州。

　　宋廷军臣得到消息后，又乱了阵脚，一些大臣再劝宋真宗到金陵避难。此时的宋真宗心里也很害怕，一时拿不准主意，便又找到寇准商量计策。寇准坚决反对宋真宗南去金陵，说："皇帝一走，河北军民必然丧失抗敌斗志，没等皇帝到达金陵，辽兵便会攻来。如果皇帝北上御敌，河北军民必然士气高昂，一定就会战胜辽兵。"

　　宋真宗听了寇准的话仍然犹豫不决，寇准便又找来殿前都指挥使高琼，力劝宋真宗如果能够到澶州督战，一定能够打败辽兵，宋真宗这才勉强同意到澶州督战，在途中又接到王继忠的信。

　　原来，王继忠得知曹利用停滞在大名府后，又通过宋莫州守将石普向宋真宗转达另派信使议和的信息，石普于是就派裨将张皓前往宋真宗行在转达信息。不料，张皓在途中被辽兵所抓，被带到萧燕燕行在，萧燕燕于是又让张皓直接去大名府向曹利用转

达宋真宗让他前来辽军营议和的旨意。张皓到达大名府后，守将王钦若仍然不放曹利用前往辽营议和，张皓只好又返回辽营说明情况。萧燕燕对张皓的忠心大加赞赏一番后，让其带着王继忠写给宋真宗另派人速来议和的信件直接前往宋真宗行在，张皓也终于在宋真宗前往澶州的途中把信递到。

宋真宗急着想与辽议和，于是便修书一封让张皓带着前往大名府，催促曹利用前往辽营议和。

此时战场形势再度发生变化，辽兵先锋大将萧挞凛攻取德清军后，率兵继续南下从三面包围了澶州北城（当时澶州城被黄河分成南北两城），在阵前观察地形时，被澶州宋军的床子弩射死。

萧挞凛是国舅小翁帐人，是萧燕燕的远方族弟，也是萧燕燕摄政后为了改变"母寡子弱、族属雄强"危局而刻意提拔起来的、继耶律休哥之后契丹族又一著名军事将领，在辽军中享有很高的

威信，在阵前被射死，极大地打击了辽兵的士气。

萧燕燕得知萧挞凛阵亡的消息后，非常悲痛，赶到萧挞凛的灵车处痛哭失声。但是，她很快从悲痛中摆脱出来，因为她对战场形势有着清醒的认识，宋诸路援军纷纷赶到河北战场，逐渐对辽兵形成包围之势，如果辽兵再不撤兵就有被宋军切断后路的危险；可如果此时撤军，又会给宋军反攻的机会，也有全军覆灭的危险。一句话，辽兵已经处于进退两难境地，萧燕燕必须对局势做出应对，否则后果不堪设想。

政治家的超人之处，就在于他们有足够的智慧和勇气应对时局。面对如此危险的局面，萧燕燕并没有乱了方寸，而是双管齐下，一方面以驸马都尉萧排押接替萧挞凛指挥辽军继续进攻宋地；一方面让王继忠加紧议和步伐。

很显然，萧燕燕是在放手一拼，做最后的一搏。但是，历史的经验告诉我们，胜利往往就在这最后一搏上。萧燕燕这最后一搏，不仅改变了辽兵的被动局面，改变了辽宋两国的命运，而且也改变了中国历史。

就在萧挞凛被射死不久，宋真宗到达澶州南城。本来他已经得到辽兵主将萧挞凛被射死、辽兵士气受挫的信息，可当他看到澶州北城外的辽营时，就又不想往前走了。这时，寇准也顾不了许多了，与高琼等人一起硬是把宋真宗的车辇推进了澶州北城。

与此同时，曹利用从大名府来到辽营见到了萧燕燕。双方就议和一事进行了初步洽谈，但并没有谈出什么结果。于是，萧燕燕派飞龙使韩杞带着国书与曹利用一起前往澶州，直接与宋真宗面谈。

宋真宗看过辽廷国书后，见辽廷果然提出索要关南十县地，便与群臣商议，商量的结果是花钱买平安，即在不归还关南十县

地的前提下，可以每年给辽廷一些钱帛补偿。

寇准坚决反对花钱买平安的做法，认为只有让辽廷畏服，才能保国家百年无事，否则数十年后，辽廷还会来侵扰宋境。

毫无疑问，寇准所说是解决问题的根本之策。但是，此时的宋真宗只想着过眼前这个坎，听了寇准的话后，底气不足地说道："若如你所言，非战不可，但胜负究竟难以预料，就是得胜，也必然造成大量人员伤亡，朕实在是不忍心啊！且数十年之后，如果我的子孙有英明者，自然能够防御外敌，目前且与他议和，图个边境安宁了事。"

宋真宗虽然抱定了花钱买平安的想法，却又放不下大国的脸面，命人不要将每年给辽廷岁贡一事写在国书里，而是让曹利用口头表达。在曹利用动身前往辽营时，宋真宗还特意嘱咐说："只要辽廷不索要关南地，就是多给一些银两，哪怕是百万也无妨。"

寇准听说此事后，把曹利用叫到一边严厉说道："每年给辽廷的岁贡最多不能超过三十万，否则就斩了你。"

曹利用第二次来到辽营，双方就关南之地各说各的理，又舌战了一番。曹利用的态度非常坚决，如果辽廷坚持索要关南之地，自己就是死在辽廷，也绝不再往返谈议和之事。

萧燕燕虽然是本着索要关南之地才出兵南伐的，但是随着萧挞凛的死，辽兵处于险境，她考虑更多的已经不再是如何才能要回关南之地的事情，而是如何

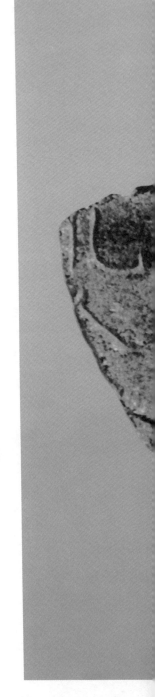

崇寧五年分年 額銀
拾兩專副嚴值曹伸行人
李誠
將仕郎司戶參軍監宗一九

才能安全撤回北方的问题，见宋廷主动提出了每年岁贡的议和条件，便就坎下驴，同意了宋廷的议和条件。

接下来的事情就好办了，双方经过一段时间的讨价还价，最终达成岁贡数量，宋每年向辽赠绢 20 万匹、银 10 万两。

再接下来，双方又互派级别比较高一点的官员，就誓书的内容进一步磋商，几经往来，终于签订了和约（1004 年 12 月），主要内容如下：

第一，辽、宋约为兄弟，宋真宗年长为兄，辽圣宗年幼为弟，宋真宗称辽廷皇太后萧燕燕为叔母，双方使者定期互访；

第二，宋朝每年向辽贡银十万两、绢二十万匹；

第三，沿边州军各守疆界，两地人户不得交侵，不得收容对方逃亡"盗贼"；

第四，双方不得在边境构置城堡、改移河道。

由于这个和约是在澶州城下订立的，澶州古代亦称澶渊，因此史称"澶渊之盟"。

就历史意义而言，澶渊之盟是中国历史上一个意义重大、影响深远的历史事件。澶渊之盟不但结束了辽宋数十年的战争，促进了南北经济和文化的交流，而且还改变了中原王朝老大的传统观念，实现了中原农耕民族与草原游牧民族兄弟间的平等握手，是华夏民族的一次大团圆，从而影响了中国整个历史。

就现实意义而言，澶渊之盟的最大受益者是契丹辽王朝，辽兵不但安然地从危境中脱身，而且还获得了战场上得不到的岁贡。每年三十万岁贡，对于以游牧经济为主的契丹辽王朝来说，不是一个小数目，从此辽朝开始走上极盛，不仅确立了在东北亚的强国地位，而且其影响力还延伸到中、西亚地区。

后　记

生于辽上京故地，注定与契丹人有缘。每当看到契丹人留下的迹印，想起契丹人的故事，心里就会产生一种冲动，久而久之便有了一个心愿，应该为契丹人写点什么。

几年伏案下来，相继撰写出版了《契丹大帝耶律阿保机》《大漠罡风》《契丹大辽九帝》《走进千年辽上京》《辽上京契丹记忆》等作品。但每每想起契丹人对中华国家、中华民族、中华文化乃至世界文明所做出的历史性贡献，心里仍难以释怀，于是又撰写了《揭秘契丹辽王朝》系列丛书。

诚然，契丹人历史厚重，一部或几部书稿是难以全面记述契丹人历史的。但作为辽上京故地的人，有责任发掘和宣传契丹辽文化，让更多的人了解契丹人的故事和契丹辽王朝历史。这里毕竟是契丹辽王朝耶律氏皇族祖源地、发祥地，是契丹辽王朝200余年故都，是契丹辽文化发源地，是契丹人遗迹最密集、最丰富的地区。千年前的辽上京值得辽上京故地人自豪和骄傲，由此这里的人是不应该忘记契丹人历史的。

刘浩然大学毕业后，考入黑龙江省齐齐哈尔市文化广电新闻出版局工作，受家庭及职业影响，参与了《走进千年辽上京》及本书稿的写作。

本书在收集资料过程中，得到赤峰市各旗县区档案、文博部门的支持和帮助；内蒙古人民出版社多年来对作者作品的关注和出版方面的大力支持，给了作者坚持写作契丹辽史读物的信心和动力，在此谨致最诚挚的谢意。

在本书付梓之际，余兴作一首《契丹歌》与读者共飨。

潢水涟漪青牛欢，土河波涌白马翩；

两河知意龙庭会，木叶情动诞契丹。

追宗溯祖乃黄炎，鲜卑仙洞重涅槃；

奇首八子分八部，棋布松漠尤辽源。

隋唐相继兴中原，大贺汗府潢水边；

营州兵变八部衰，遥辇图强又百年。

群雄五代逐中原，耶律勃兴木叶山；

开国临潢都西楼，奠定辽基二百年。

挥戈北疆扫阴山，驰马西鄙戈壁滩；

海东盛国成旧事，马踏汗城建东丹。

立马草原统北疆，仿效中原书华章；

开皇殿内宴群胡，诸酋拱围天皇王。

西楼断腕择新王，汴京皇位更迭忙；

石郎许下燕云地，太行山上收儿皇。

改号大辽国势强，长城内外称辽王；

设置三京仿汉章，蕃汉兼治契丹昌。

皇孙负心自称王，扬鞭走马进汴梁；

入主晋宫百官贺，改晋为辽创辉煌。

蕃法施汉政难长，北返途中更新皇；

改革旧弊施新政，诸酋异心易睡王。

赵宋代周主中原，契丹英后掌航船；

社会改革图自强，盛世大辽享百年。

兄弟一家不计嫌，两军阵前传和言；

澶渊城下订盟约，南北共享太平年。

因俗而治官北南，并行蕃语和汉言；

唐令蕃法相兼行，胡人汉儿共家园。

五京如珠镶北疆，春水秋山四时忙；

鸭河垂钩头鱼宴，赤山纵马猎虎王。

百花盛开春草原，牛羊游弋绿草间；

驼车逐水移旧帐，胡笳伴酒合家欢。

穹庐相间版筑房，宜农宜牧天久长；

汉儿农耕胡游牧，五谷丰登肥牛羊。

学唐比宋诗百篇，南来北往报平安；

符节尘落庐帐暖，兄吟弟和把酒欢。

崇儒笃释全民虔，孔庙佛寺五京全；

一日祝发僧三千，一岁饭僧卅六万。

驼铃声碎伴胡杨，欧亚商贾丝路忙；

鸡壶菊酒马鞍醉，万国来朝拜辽皇。

十世契丹兴北疆，华夏同心谱华章；

九帝一脉享国祚，国泰民安百年昌。

树生虫病叶自黄，国滋奢腐运难长；

一朝女真东起兵，百年盛国顷刻亡。

东迁西走心彷徨，西域立国再图强；

相传五帝国百年，契丹复兴威名扬。

月满盈亏律自然，固堤防溃亦非难；

古来兴亡多少事，非是天道人使然。

契丹一去不复还，辽都日久风残垣；

辽塔随风叙旧事，辽河放歌谱新篇。

回首往事越千年，尔辈无需叹契丹；

人去迹留风犹在，其气就存你我间。

作　者

2016 年 5 月 30 日于辽上京遗址

主要参考资料

1. 脱脱等著：《辽史》

2. 叶隆礼著：《契丹国志》

3. 司马光著：《资治通鉴》

4. 毕沅著：《续资治通鉴》

5. 薛居正等著：《旧五代史》

6. 欧阳修著：《新五代史》

7. 马大正主编：《中国边疆经略史》

8. 瞿林东主编：《辽史、金史、元史研究》

9. 李锡厚著：《中国历史·辽史》

10. 李桂芝著：《辽金简史》

11. 赵云田主编：《北疆通史》

12. 谭其骧主编、张修桂、赖青寿编著：《辽史地理志汇释》

13. 谭其骧主编：《简明中国历史地图集》

14. 王善军著：《世家大族与辽代社会》

15. 沈起炜著：《五代史话》

16. 黄斌著：《大辽国史话》

17. 孟凡云、陶玉坤著：《辽代后妃参政现象考略》

18. 何天明著：《辽代政权机构史稿》

19. 李锡厚著：《临潢集》

20. 林干著：《东胡史》

21. 林干著：《中国古代北方民族通论》

22. 漆侠主编：《辽宋西夏金代通史》

23. 齐作声编著：《辽代墓志疏证》

24. 刘浦江著：《松漠之间》

25. 张晶著：《辽金元诗歌史论》

26. 李强著：《辽太祖阿保机的耶律家族》

27. 王玉亭主编：《辽上京研究论文选》

28. 《首届辽上京契丹·辽文化学术研讨会论文集》（2008.10 林东）

29. 《中韩第三届"宋辽夏金元史"国际学术研讨会论文集》（2009. 8 林东）

30. 《契丹学国际学术研究会会议论文集》（2012. 8 赤峰）

31. 景爱主编：《地域性辽金史研究》（第一辑）

32. 李品清主编：《阜新辽金史研究》（第五辑）

33. 余蔚著：《中国行政区划通史》（辽金卷）

34. 张久和编著：《辽夏金元史徵·辽朝卷》

35. 杨军著：《契丹开国皇后》

36. 李义、胡廷荣编著：《宋人使辽诗与行记校注考》

37. 冯永谦、孙文政主编：《辽金史论集》（第十一辑）

38. 顾宏义著：《辽宫英后》